JN104139

物権法改正を読む

令和3年民法・不動産登記法改正等のポイント

松尾 弘

慶應義塾大学出版会

はしがき

　令和 3（2021）年 4 月 21 日，土地所有権の効力にとりわけ深く関わる 2 つの法律が成立した。すなわち，①「民法等の一部を改正する法律」（令和 3 年 4 月 28 日公布，法律 24 号）および②「相続等により取得した土地所有権の国庫への帰属に関する法律」（同前，法律 25 号）である。前者は，民法・第 2 編物権，第 5 編相続，不動産登記法，非訟事件手続法，家事事件手続法等の民事基本法（法務省民事局所管）を改正するものである。また，後者は，相続等によって土地所有権を取得した者がその国庫帰属を申請し，承認を受けることにより，機能的には土地所有権の放棄に代替しうる制度を創設したものである。

　これら①・②2 つの立法——本書では，これらを一括して，「令和 3 年民法・不動産登記法改正等」という——は，いわゆる「所有者不明土地問題」を解決すべく，準備されたものである。それは，森林，農地等の所有者（共有者を含む）不明問題への森林法，農地法の改正等による対応を皮切りに，2010 年代から行われてきた一連の立法による問題対応のいわば総仕上げとして，前記の民事基本法制のレベルで，所有者不明土地の発生予防，円滑な利用・管理および解消の促進を図ったものということができる。

　しかしまた，それは所有者不明土地問題への対応を超えて，相隣関係，共有物の使用・管理・変更・分割，管理不全の土地・建物の管理，相続財産の管理・清算，遺産分割の促進等，民法・物権法の基本法理およびそれと密接に関わる相続法理に関する重要な改正も含んでいる。さらに，不動産所有権の相続登記の義務化，相続によって取得した土地所有権の国庫帰属の承認申請は，物権変動の法理の観点からも注目される改正といえる。

　そこで，本書は，令和 3 年民法・不動産登記法改正等が，所有者不明土地問題に対する対応を契機に，土地ないし不動産の所有権（共有の場合の持分

を含む）の効力をめぐり，物権法を中心とする一般法理のレベルでどのような進展を示したか，まずはその全体概要を明らかにすることを目的とするものである。それゆえにまた，個別の論点に立ち入った検討については，さらに別の機会に譲りたい。

　本書の執筆に際しては，前著『家族法改正を読む』（慶應義塾大学出版会，2019）に続き，岡田智武氏（慶應義塾大学出版会）から，絶えず力強いご助言をいただいた。記して謝意を表する次第である。

　令和 3（2021）年 6 月 20 日
　　三田の研究室にて

松 尾　弘

目次

III　不動産登記法等の改正 99

IV　土地所有権の国庫への帰属の承認等に関する制度の創設 127

VI　おわりに

── 令和3年民法・不動産登記法改正等の意義と課題 145

【凡例】

○　本書において法令名を文中の（　）内で引用する場合は，下記の法令名略記を用い，かつ条・項・号を省略して表示する。また，＊印は改正条文を指す。

　　例えば，（不登法73の2①[1]＊）は，「改正不動産登記法73条の2第1項第1号」を意味する。

○　法令名略記（文中（　）内および図表内）

家手法：　家事事件手続法
区所法：　建物の区分所有等に関する法律
所円法：　所有者不明土地の利用の円滑化等に関する特別措置法
所円令：　所有者不明土地の利用の円滑化等に関する特別措置法施行令
相帰法：　相続等により取得した土地所有権の国庫への帰属に関する法律
非訟法：　非訟事件手続法
表適法：　表題部所有者不明土地の登記及び管理の適正化に関する法律
不登法：　不動産登記法

【新旧対照条文】

○　民法等の一部を改正する法律（令和3年4月28日公布。法律第24号）のうち，民法の一部改正の新旧対照条文は，本書末尾に掲載するとともに，不動産登記法の一部改正等の新旧対照条文等とあわせて，下記からダウンロードできるようにしている。

改正民法・改正前民法
新旧対照条文

不動産登記法・非訟事件手続法・家事審判法等新旧対照条文／
相続等により取得した土地所有権の
国庫への帰属に関する法律

【立法関係資料等略記】

（令和 3 年民法・不動産登記法改正等に関連するもの）

在り方研報告書　登記制度・土地所有権の在り方等に関する研究会『登記制度・土地所有権の在り方等に関する研究報告書～所有者不明土地問題の解決に向けて～』（平成 31 年 2 月）〔図表 0-1 参照〕

共有私道研究会報告書　共有私道の保存・管理等に関する事例研究会『複数の者が所有する私道の工事において必要な所有者の同意に関する研究報告書～所有者不明私道への対応ガイドライン～』（平成 30 年 1 月）

参議院法務委員会附帯決議　「民法等の一部を改正する法律案」及び「相続等により取得した土地所有権の国庫への帰属に関する法律案」に対する附帯決議（令和 3 年 4 月 20 日，参議院法務委員会）

衆議院法務委員会附帯決議　「民法等の一部を改正する法律案」及び「相続等により取得した土地所有権の国庫への帰属に関する法律案」に対する附帯決議（令和 3 年 3 月 30 日，衆議院法務委員会）

所有者不明土地対策等基本方針　「所有者不明土地等対策の推進に関する基本方針」（平成 30〔2018〕年 6 月 1 日，所有者不明土地等対策の推進のための関係閣僚会議〔第 2 回〕）

中間試案　法制審議会民法・不動産登記法部会「民法・不動産登記法（所有者不明土地関係）等の改正に関する中間試案」（令和元年 12 月 3 日）〔図表 0-2 参照〕

中間試案補足説明　法務省民事局参事官室・民事第二課「民法・不動産登記法（所有者不明土地関係）等の改正に関する中間試案の補足説明」（令和 2 年 1 月）

部会　法制審議会民法・不動産登記法部会（第 1 回～第 26 回）〔その議事録につき，[http://www.moj.go.jp/shingi1/housei02_00302.html] 参照〕

部会資料　法制審議会民法・不動産登記法部会（第 1 回～第 26 回）部会資料〔図表 0-3 参照〕

部会参考資料　法制審議会民法・不動産登記法部会（第 1 回，第 9 回，第 10 回，第 13 回，第 16 回）参考資料〔図表 0-3 参照〕

骨太方針 2017　「経済財政運営と改革の基本方針 2017～人材への投資を通じた生産性向上～」（骨太方針）（平成 29〔2017〕年 6 月 9 日閣議決定）

骨太方針 2018　「経済財政運営と改革の基本方針 2018～少子高齢化の克服による持続的な成長経路の実現～」（骨太方針）（平成 30〔2018〕年 6 月 15 日閣議決定）

要綱　民法・不動産登記法（所有者不明土地関係）の改正等に関する要綱（令和 3 年 2 月 10 日法制審議会総会承認）

【参考文献】

（編著者名等の五十音順による。本文中での引用は，編著者名および出版年による）

秋山靖浩「土地管理制度と土地所有権に対する制約（上）（下）──「土地を使用しない自由」を出発点として」法律時報 93 巻 5 号（2021a）113-118 頁，93 巻 7 号（2021b）78-83 頁

朝日新聞取材班『負動産時代──マイナス価値となる家と土地』（朝日新書，2019）

荒井達也『Q & A　令和 3 年　民法・不動産登記法　改正の要点と実務への影響』（日本加除出版，2021）

伊藤栄樹「共有法改正の根拠と限界（上）（下）──憲法上の財産権保障の観点から」法律時報 92 巻 4 号（2020a）87-93 頁，92 巻 5 号（2020b）131-136 頁

加藤正信「急増する所有者不明の土地と，国土の有効利用——立法提案『国土有効利用の促進に関する法律』」高翔龍ほか編『日本民法学の新たな時代』（有斐閣，2015）297-348 頁

川島武宜＝川井健編『新版注釈民法(7)』（有斐閣，2017）

金融財政事情研究会編『「登記制度・土地所有権の在り方等に関する研究報告書～所有者不明土地問題の解決に向けて～」の概要』（金融財政事情研究会，2019）

小粥太郎編『新注釈民法(5)』（有斐閣，2020）

国土審議会土地政策分科会特別部会「とりまとめ」（平成 31 年 2 月）

国土審議会土地政策分科会企画部会「中間とりまとめ～適正な土地の「管理」の確保に向けて～」（令和元年 12 月）

後藤浩平『Q＆A　所有者不明土地特措法・表題部所有者不明土地適正化法の実務と登記』（日本加除出版，2020）

小柳春一郎『仏日不動産法の現代的展開』（成文堂，2021）

佐久間毅「遺産分割の期間制限」ジュリスト 1543 号（2020）40-47 頁

潮見佳男「所有者不明土地関係に係る民法・不動産登記法等の改正と相続法の規律の変更」家庭の法と裁判 31 号（2021）13-28 頁

七戸克彦『新旧対照解説　改正民法・不動産登記法』（ぎょうせい，2021）

水津太郎「相続人の占有と所有権の時効取得（上）（下）」法律時報 93 巻 3 号（2020a）105-110 頁，93 巻 4 号（2020b）106-111 頁

田高寛貴「土地所有者が負担すべき責任の限界——土地所有権『放棄（移譲）』制度構築の前提として」NBL 1152 号（2019）13-21 頁

富田裕「国土審議会の提案する所有者不明土地利用権設定制度の問題点とその解決としての無主不動産に一定の先占権を認める制度の考察」日本不動産学会誌 31 巻 3 号＝ 122 号（2017）23-30 頁

能見善久＝加藤慎太郎編『論点大系判例民法 2（第 3 版）』（第一法規，2019）

原恵「不動産登記制度の見直し——中間試案の紹介とフランス法との比較」ジュリスト 1543 号（2020）55-61 頁

藤巻梓「共有制度の見直し」ジュリスト 1543 号（2020）27-33 頁

松尾弘「共有物の使用・管理・変更・分割をめぐる共有者の権利——共有関係を織りなす合意の糸」澤野順彦編『不動産法論点大系』（民事法研究会，2018a）206-234 頁

松尾弘「日本における土地所有権の成立——開発法学の観点から」慶應法学 41 号（2018b）93-145 頁

松尾弘「土地所有における私人の権利・義務と国家の権限・責務——所有者不明土地に対する利用権等の取得立法を契機にして」慶應法学 42 号（2019a）337-377 頁

松尾弘「所有者不明土地問題への法的対応」登記情報 696 号（2019b）4-15 頁

松尾弘「土地所有を考える（第 3 回）国家による私人の土地所有権の制約（その 1 ）——所有者不明土地の取得」法学セミナー 773 号（2019c）78-82 頁

松尾弘「土地所有を考える（第 7 回）土地所有権は放棄できるか」法学セミナー 777 号（2019d）74-78 頁松尾弘「所有者不明の土地をめぐる法的課題」ジュリスト 1543 号（2020a）14-20 頁

松尾弘「所有者不明土地問題をめぐる法制度の現状と課題（問題提起）」信託フォーラム 13 巻（2020b）15-24 頁

松尾弘「土地基本法の総合的評価——法律学の観点から」日本不動産学会誌 136 号（2021）26-41 頁

宮本誠子「相続財産の管理」ジュリスト 1543 号（2020）34-40 頁

武川幸嗣「不在者財産管理制度の再考」NBL 1152 号（2019）22-28 頁

山城一真「共有法の基礎理論とその課題」NBL 1152 号（2019）38-45 頁

山野目章夫編『新注釈民法(1)』（有斐閣，2018）

吉田克己『現代土地所有論——所有者不明土地と人口減少社会をめぐる法的諸問題』（信山社，
　2019）

吉原祥子『人口減少時代の土地問題——「所有者不明化」と相続，空き家，制度のゆくえ』（中
　公新書，2017）

【図表一覧】

図表0-1　登記制度・土地所有権の在り方に関する研究会報告書

第1章	**はじめに**
	第1　所有者不明土地問題と民事基本法制の見直し 第2　検討の視点
第2章	**相続等による所有者不明土地の発生を予防するための仕組み**
	第1節　不動産登記情報の更新を図る方策
	第1款　総説 第2款　不動産登記の申請義務化 　第1　登記申請義務 　　1　土地の登記申請義務 　　2　対象となる財産 　　3　登記申請義務を負う主体 　　4　氏名等についての変更の登記申請の義務化 　第2　義務化の実効性を確保するための手段について 　　1　インセンティブの付与による登記申請義務の履行確保 　　2　登記申請義務を負う者に不利益を与えることによる実効性確保 　　(1)　過料による制裁 　　(2)　通知方法 　　3　費用負担 　　4　民事実体法上の不利益を与える規定の創設 　第3　その他 第3款　登記手続の簡略化 　第1　法定相続分による所有権の移転の登記がされた後に遺産分割等が行われた場合における登記手続の簡略化 　　1　遺産分割の場合 　　2　相続放棄の場合 　　3　遺贈の場合 　第2　既にされている権利の登記の抹消手続の簡略化 　　1　法人としての実質を喪失している法人を登記名義人とする担保権に関する登記の抹消手続の簡略化 　　2　不動産登記法第70条第3項の規定による登記の抹消手続の対象とならない担保権以外の権利に関する登記の抹消手続の簡略化 　　(1)　買戻しの特約の登記について 　　(2)　登記記録に記録された存続期間の満了している権利（地上権，永小作権，賃借権及び採石権）に関する登記について 　第3　時効取得を原因とする所有権の移転の登記手続の簡略化 　　1　登記義務者の所在が知れない場合 　　2　取得時効の起算日前に所有権の登記名義人が死亡した場合 　第4　その他 　　1　仮差押え又は仮処分の登記 　　2　清算型遺贈 第4款　不動産登記情報の更新等 　第1　登記名義人等の特定に関する不動産登記情報の更新 　　1　戸籍等からの情報の取得と不動産登記情報の更新 　　2　戸籍等から得た情報に基づいて不動産登記情報を更新するための手続 　第2　登記名義人等に関する不動産登記情報の公開の在り方の見直し
	第2節　所有者不明土地の発生を抑制する方策
	第1款　土地所有権の放棄 　第1　総説 　第2　所有権放棄の要件等 　　1　所有権放棄の要件・効果 　　2　放棄の意思表示の方法 　第3　関連する民事法上の諸課題 　　1　土地以外の所有権放棄について

出典：登記制度・土地所有権の在り方等に関する研究会 2019，金融財政事情研究会編 2019 所収 2-134 頁。

図表 0 -2　民法・不動産登記法（所有者不明土地関係）等の改正に関する中間試案

第Ⅰ部	民法等の見直し

	第 1　共有制度

1　通常の共有における共有物の管理
　(1)　共有物の管理行為
　(2)　共有物の管理に関する手続
　(3)　共有物の管理に関する行為についての同意取得の方法
　(4)　共有物を使用する共有者と他の共有者の関係等
　(5)　共有者が選任する管理者
　(6)　裁判所が選任する共有物の管理者
　(7)　裁判所による必要な処分
2　通常の共有関係の解消方法
　(1)　裁判による共有物分割
　(2)　所在不明共有者又は不特定共有者の不動産の共有持分の取得等

第 2　財産管理制度

1　所有者不明土地管理制度等
　(1)　所有者が不明である場合の土地の管理命令
　(2)　所有者が不明である場合の建物の管理命令
2　管理不全土地管理制度等
　(1)　所有者が土地を管理していない場合の土地の管理命令
　(2)　所有者が建物を管理していない場合の建物の管理命令
3　不在者財産管理制度の見直し
4　相続財産管理制度の見直し
　(1)　相続人が数人ある場合における遺産分割前の相続財産管理制度
　(2)　相続人のあることが明らかでない場合における相続財産の保存のための相続財産管理制度
　(3)　民法第 952 条以下の清算手続の合理化
　(4)　相続放棄をした放棄者の義務

第 3　相隣関係

1　隣地使用権の見直し
2　越境した枝の切除
3　導管等設置権及び導管等接続権
　(1)　権利の内容
　(2)　導管等の設置場所又は設置方法の変更
　(3)　償金
4　管理措置請求制度
　(1)　権利の内容
　(2)　現に使用されていない土地における特則
　(3)　費用

第 4　遺産の管理と遺産分割

1　遺産共有における共有物の管理
　(1)　遺産共有と共有物の管理行為等
　(2)　遺産の管理に関する行為についての同意取得の方法
　(3)　相続人が選任する遺産の管理者
2　遺産分割の期間制限
3　遺産分割手続の申立て等がされないまま長期間が経過した場合に遺産を合理的に分割する制度
　(1)　具体的相続分の主張の制限
　(2)　分割方法等
　(3)　遺産共有における所在不明相続人等の不動産の持分の取得等
4　共同相続人による取得時効

第 5　土地所有権の放棄

	1　土地所有権の放棄を認める制度の創設 2　土地所有権の放棄の要件及び手続 3　関連する民事法上の諸課題 　(1)　共有持分の放棄 　(2)　建物及び動産の所有権放棄 　(3)　所有権放棄された土地に起因する損害の填補
第2部	**不動産登記法等の見直し**
	第6　相続の発生を不動産登記に反映させるための仕組み
	1　登記所における他の公的機関からの死亡情報の入手及び活用 　(1)　登記所が他の公的機関から死亡情報を入手する仕組み 　(2)　登記所が死亡情報を不動産登記に反映させるための仕組み 2　相続登記の申請の義務付け 　(1)　登記名義人が死亡した場合における登記の申請の義務付け 　(2)　相続登記の申請義務違反の効果 　(3)　相続登記申請義務の実効性を確保するための方策 　(4)　その他 3　相続等に関する登記手続の簡略化 　(1)　遺贈による所有権の移転の登記手続の簡略化 　(2)　法定相続分での相続登記がされた場合における登記手続の簡略化 4　所有不動産目録証明制度（仮称）の創設
	第7　登記名義人の氏名又は名称及び住所の情報の更新を図るための仕組み
	1　氏名又は名称及び住所の変更の登記の申請の義務付け 2　登記所が他の公的機関から氏名又は名称及び住所の変更情報を入手し，不動産登記に反映させるための仕組み 3　被害者保護のための住所情報の公開の見直し
	第8　相続以外の登記原因による所有権の移転の登記の申請の義務付け
	第9　登記義務者の所在が知れない場合等における登記手続の簡略化
	1　登記義務者の所在が知れない場合の一定の登記の抹消手続の簡略化 2　法人としての実質を喪失している法人を登記名義人とする担保権に関する登記の抹消手続の簡略化
	第10　その他の見直し事項
	1　登記名義人の特定に係る登記事項の見直し 2　外国に住所を有する登記名義人の所在を把握するための方策 3　附属書類の閲覧制度の見直し

出典：法制審議会民法・不動産登記法部会「民法・不動産登記法（所有者不明土地関係）等の改正に
関する中間試案」（令和元年12月3日）

図表 0 -3　法制審議会民法・不動産登記法部会（第 1 回〜第 26 回）関連資料

〔　〕内は著者による補充を指す。

部会資料番号	トピック	内容		部会回次
1	民法・不動産登記法の改正に当たっての検討項目	第 1	基本的な視点	第 1 回 2019.3.19
		第 2	考えられる検討項目	
2	土地所有権の放棄	第 1	土地所有権の放棄を認める制度の創設の是非	第 2 回 2019.4.23
		第 2	土地所有権の放棄の要件	
		第 3	放棄された土地の帰属先機関	
		第 4	関連する民事法上の諸問題	
3	共有制度の見直し(1)	第 1	通常の共有における共有物の管理	
		第 2	遺産共有における共有物の管理	
		第 3	持分の有償移転による共有の解消	
4	共有制度の見直し(2)	第 1	共有者による共有物の取得時効	第 3 回 2019.5.21
		第 2	相続回復請求権	
		第 3	共有物分割	
		第 4	共有等に関する訴訟	
5	遺産分割の促進等	第 1	遺産分割の期間制限	
		第 2	その他	
6	財産管理制度の見直し	第 1	不在者財産管理制度の見直し	
		第 2	相続財産管理制度の見直し	
		第 3	土地の管理人を選任する新たな財産管理制度の創設	
7	相隣関係規定等の見直し	第 1	管理が適切にされていない近傍の土地への対応	第 4 回 2019.6.11
		第 2	近傍の土地の利用の円滑化	
8	不動産登記制度の見直し(1)	第 1	所有者不明土地問題における不動産登記制度の問題状況	第 5 回 2019.7.2
		第 2	相続の発生を登記に反映させるための仕組み	
9	不動産登記制度の見直し(2)	第 3	相続以外の登記原因による所有権の移転を登記に反映させるための仕組み	第 6 回 2019.7.30
		第 4	登記名義人の氏名又は名称及び住所の情報の更新を図るための仕組み	
		第 5	その他の不動産登記制度の改善に関する検討	
10	共有制度の見直し(3)	第 1	共有物分割請求（民法第 258 条関係）	第 7 回 2019.9.24
		〔以上〕		
11	財産管理制度の見直し（土地管理制度等）	第 1	土地を管理するための新たな財産管理制度の創設について	
		第 2	土地管理人の権限等	
		第 3	建物の管理制度等について	
12	不動産登記制度の見直し(3)	第 1	登記手続の簡略化	
		第 2	被害者保護のための住所情報の公開の見直し	
13	遺産分割に関する見直し	第 1	遺産分割の期間制限	第 8 回 2019.10.8
		〔以上〕		
14	財産管理制度の見直し（相続財産管理制度等）	第 1	相続財産管理制度の見直しについて	
		第 2	相続財産管理人の法的地位、職務等	
		第 3	法定相続人が相続放棄をした場合における放棄者の義務	
		第 4	その他	
15	遺言に関する見直し	遺言の撤回の方式等の見直し		

16	不動産登記制度の見直し(4)	第1 相続の発生を登記に反映させるための仕組み 第2 登記名義人の氏名又は名称及び住所の情報の更新を図る ための仕組み 第3 外国に住所を有する登記名義人の所在を把握するための 方法	
17	中間試案のたたき台 (共有制度の見直し(1))	第1 通常の共有における共有物の管理 第2 遺産共有における共有物の管理 第3 持分の売渡請求権等 第4 共同相続人による取得時効	第9回 2019.10.29
18	中間試案のたたき台 (相隣関係規定等の見直し)	1 隣地使用権の見直し（民法第209条第1項関係） 2 越境した枝の切除（民法第233条第1項関係） 3 導管等設置権及び導管等接続権 4 管理措置請求制度	
19	中間試案のたたき台 (不動産登記制度の見直し(1))	第1 相続以外の登記原因による所有権の移転の登記申請の義 務付け 第2 被害者保護のための住所情報の公開の見直し 第3 登記手続の簡略化 第4 所有不動産の証明制度の創設	
19	中間試案のたたき台 (不動産登記制度の見直し)	第1 相続の発生を登記に反映させるための仕組み 第2 登記名義人の氏名又は名称及び住所の情報の更新を図る ための仕組み 第3 相続以外の登記原因による所有権の移転の登記申請の義 務付け 第4 登記義務者の所在が知れない場合等における登記手続の 簡略化 第5 その他の見直し事項	第10回 2019.11.19
20	中間試案のたたき台 [4] 土地所有権の放棄	第1 土地所有権の放棄を認める制度の創設 第2 土地所有権の放棄の要件及び手続 第3 関連する民事法上の諸課題	
21	中間試案のたたき台 [5] 財産管理制度の見直し(1)	第1 所有者不明土地管理制度の創設 第2 管理不全土地管理制度の創設	
22	中間試案のたたき台 [6] 財産管理制度の見直し(2)	第1 不在者財産管理制度の見直し 第2 相続財産管理制度の見直し 第3 相続放棄をした放棄者の義務	
23	中間試案のたたき台 [7] 遺産分割に関する見直し	第1 遺産分割の期間制限 第2 遺産分割手続の申立て等がされないまま長期間が経過し た場合における遺産を合理的に分割する制度	
24	中間試案のたたき台 [8] 共有制度の見直し(2)	第1 裁判による共有物分割（民法第258条関係） 第2 遺産共有等に関する訴訟	
25	中間試案（案） 第1部 民法等の見直し	第1 共有制度 第2 財産管理制度 第3 相隣関係 第4 遺産の管理と遺産分割 第5 土地所有権の放棄	第11回 2019.12.3
26	中間試案（案） 第2部 不動産登記法等の 見直し	第1 相続の発生を不動産登記に反映させるための仕組み 第2 登記名義人の氏名又は名称及び住所の情報の更新を図る ための仕組み 第3 相続以外の登記原因による所有権の移転の登記申請の義 務付け 第4 登記義務者の所在が知れない場合等における登記手続の 簡略化 第5 その他の見直し事項	

27	共有制度の見直し（通常の共有における共有物の管理）	1　共有物の変更行為 2　共有物の管理行為 3　共有物の管理に関する手続 4　共有物を使用する共有者と他の共有者の関係等 5　共有者が選任する管理者	第 13 回 2020.6.2
28	財産管理制度の見直し（所有者不明建物管理制度）	1　所有者が不明である場合の建物の管理命令 〔以上〕	
29	財産管理制度の見直し（相続の放棄をした者の義務）	1　相続の放棄をした者による管理 〔以上〕	
30	共有制度の見直し⑵	第1　共有物の管理に関する行為についての同意取得の方法 第2　不動産の持分の取得 第3　不動産の譲渡 第4　裁判所が選任する共有物の管理者 第5　裁判所による必要な処分	第 14 回 2020.6.23
31	遺産の管理と遺産分割に関する見直し	第1　一定期間経過後の遺産分割 第2　遺産分割禁止期間 第3　遺産共有と共有の規律 第4　共同相続人による取得時効	
32	相隣関係規定等の見直し	第1　隣地使用権の見直し 第2　越境した枝の切除等 第3　導管等設置権及び導管等使用権	
33	財産管理制度の見直し（所有者不明土地管理制度について）	⑴　所有者不明土地を管理するための新たな財産管理制度として，次のような規律を設けることで，どうか。 ⑵　所有者不明土地管理人の義務につき，次のような規律を設けることについて，どのように考えるか。 ⑶　所有者が不明である土地の管理人の解任，報酬等について，次のような規律を設けることで，どうか。 ⑷　所有者不明土地の管理命令の取消し等について，次のような規律を設けることで，どうか。	第 15 回 2020.7.14
34	財産管理制度の見直し（不在者財産管理制度，相続財産管理制度について）	1　不在者財産管理制度の見直し 2　相続財産管理制度の見直し	
35	不動産登記法の見直し⑴	第1　登記義務者の所在が知れない場合等における登記手続の簡略化 第2　その他の見直し事項	
36	土地所有権の放棄	第1　土地所有権の放棄を認める制度の創設 第2　関連する民事上の諸課題	第 16 回 2020.8.4
37	共有関係の見直し（通常の共有関係の解消方法）	第1　裁判による共有物分割 〔以上〕	
38	不動産登記法の見直し⑵	第1　相続の発生を不動産登記に反映させるための仕組み 第2　登記名義人の氏名又は名称及び住所の情報の更新を図るための仕組み 第3　相続以外の登記原因による所有権の移転の登記の申請の義務付け	
39	管理不全土地への対応	第1　管理措置請求制度 第2　管理不全土地等の管理命令	第 17 回 2020.8.25
40	共有制度の見直し（通常の共有における共有物の管理）	1　共有物の変更行為 2　共有物の管理行為 3　共有物の管理に関する手続 4　共有物を使用する共有者と他の共有者の関係等	

41	共有制度の見直し（共有物の管理に関する行為を定める際の特則等）	第1　共有物の管理に関する行為を定める際の特則 第2　不動産の所在等不明共有者の持分の取得 第3　所在等不明共有者がいる場合の不動産の譲渡 第4　共有者が選任する管理者	
42	遺産の管理と遺産分割に関する見直し	第1　一定期間経過後の遺産分割 第2　遺産分割禁止期間 第3　遺産共有と共有の規律 第4　共同相続人による取得時効	
43	財産管理制度の見直し（所有者不明土地管理制度）	(1)　所有者不明土地を管理するための新たな財産管理制度として，次のような規律を設けることで，どうか。〔以上〕	第18回 2020.9.15
44	財産管理制度の見直し（所有者不明建物管理制度）	1　所有者が不明である場合の建物の管理命令 2　土地の賃借権等の権利についての管理について 3　無権原で建てられている建物の敷地への立入り等について 4　区分所有法における専有部分及び共用部分について	
45	財産管理制度の見直し（不在者財産管理制度，相続財産管理制度等）	1　不在者財産管理制度の見直し 2　相続財産管理制度の見直し 3　相続の放棄をした者の義務	
46	相隣関係規定の見直し	第1　隣地使用権の見直し 第2　越境した枝の切除等 第3　導管等設置権及び導管等使用権	
47	共有関係の見直し（通常の共有関係の解消方法）	第1　裁判による共有物分割 〔以上〕	
48	相続を契機にして取得した土地の国への所有権移転（いわゆる土地所有権の放棄）	第1　土地の所有権の国への移転を認める制度の創設 第2　共有持分の放棄	第19回 2020.10.6
49	管理措置請求制度について	管理措置請求制度に関する次の各案について，どのように考えるか。	第20回 2020.10.20
50	財産管理制度の見直し（管理不全土地管理制度及び管理不全建物管理制度）	1　管理不全土地管理制度 2　管理不全建物管理制度	
51	民法・不動産登記法（所有者不明土地関係）等の改正に関する要綱案のたたき台(1)	第1部　民法の見直し 　第1　相隣関係 　第2　共有等 　第4　相続等	第21回 2020.11.10
52	民法・不動産登記法（所有者不明土地関係）等の改正に関する要綱案のたたき台(2)	第1　相隣関係 第2　共有等 第3　所有者不明土地管理命令等	第22回 2020.12.1
53	民法・不動産登記法（所有者不明土地関係）等の改正に関する要綱案のたたき台(3)	第2部　不動産登記法等の見直し 　第1　所有権の登記名義人に係る相続の発生を不動産登記に反映させるための仕組み 　第2　所有権の登記名義人の氏名又は名称及び住所の情報の更新を図るための仕組み 　第3　登記所が他の公的機関から所有権の登記名義人の死亡情報や氏名又は名称及び住所の変更情報を取得するための仕組み 　第4　登記義務者の所在が知れない場合等における登記手続の簡略化 　第5　その他の見直し事項 第4部　その他	第23回 2020.12.15

54	民法・不動産登記法（所有者不明土地関係）等の改正に関する要綱案のたたき台 (4)	第 3 部　土地所有権の国庫への帰属の承認等に関する制度の創設（いわゆる土地所有権の放棄）	
55	民法・不動産登記法（所有者不明土地関係）等の改正に関する要綱案のたたき台 (5)	第 I 部　民法の見直し 第 I　相隣関係 〔以上〕	
56	民法・不動産登記法（所有者不明土地関係）等の改正に関する要綱案（案）(1)	第 I 部　民法等の見直し 第 I　相隣関係 第 2　共有等 第 3　所有者不明土地管理命令等 第 4　相続等	第 24 回 2021.1.12
57	民法・不動産登記法（所有者不明土地関係）等の改正に関する要綱案（案）(2)	第 2 部　不動産登記法等の見直し 第 I　所有権の登記名義人に係る相続の発生を不動産登記に反映させるための仕組み 第 2　所有権の登記名義人の氏名又は名称及び住所の情報の更新を図るための仕組み 第 3　登記所が他の公的機関から所有権の登記名義人の死亡情報や氏名又は名称及び住所の変更情報を取得するための仕組み 第 4　登記義務者の所在が知れない場合等における登記手続の簡略化 第 5　その他の見直し事項 第 4 部　その他	
58	民法・不動産登記法（所有者不明土地関係）等の改正に関する要綱案（案）(3)	第 3 部　土地所有権の国庫への帰属の承認等に関する制度の創設（いわゆる土地所有権の放棄）	
59	民法・不動産登記法（所有者不明土地関係）等の改正に関する要綱案（案）(4)	第 I 部　民法等の見直し 第 I　相隣関係 第 2　共有等 第 3　所有者不明土地管理命令等 第 4　相続等	第 25 回 2021.1.26
60	民法・不動産登記法（所有者不明土地関係）等の改正に関する要綱案（案）(5)	第 2 部　不動産登記法等の見直し 第 I　所有権の登記名義人に係る相続の発生を不動産登記に反映させるための仕組み 第 2　所有権の登記名義人の氏名又は名称及び住所の情報の更新を図るための仕組み 第 3　登記所が他の公的機関から所有権の登記名義人の死亡情報や氏名又は名称及び住所の変更情報を取得するための仕組み 第 4　登記義務者の所在が知れない場合等における登記手続の簡略化 第 5　その他の見直し事項 第 4 部　その他	
61	民法・不動産登記法（所有者不明土地関係）等の改正に関する要綱案（案）(3)	第 3 部　土地所有権の国庫への帰属の承認等に関する制度の創設（いわゆる土地所有権の放棄）	
62-1	民法・不動産登記法（所有者不明土地関係）の改正等に関する要綱案（案）	第 I 部　民法等の見直し 第 I　相隣関係 第 2　共有等 第 3　所有者不明土地管理命令等 第 4　相続等	第 26 回 2020.2.2

		第2部　不動産登記法等の見直し 　第1　所有権の登記名義人に係る相続の発生を不動産登記に 　　　反映させるための仕組み 　第2　所有権の登記名義人の氏名又は名称及び住所の情報の 　　　更新を図るための仕組み 　第3　登記所が他の公的機関から所有権の登記名義人の死亡 　　　情報や氏名又は名称及び住所の変更情報を取得するための 　　　仕組み 　第4　登記義務者の所在が知れない場合等における登記手続 　　　の簡略化 　第5　その他の見直し事項 第3部　土地所有権の国庫への帰属の承認等に関する制度の創 　　　設 第4部　その他	
62-2	民法・不動産登記法（所有者不明土地関係）の改正等に関する要綱案（案）についての補足説明	第1部　民法等の見直し 　第1　相隣関係 第2部　不動産登記法等の見直し 　第1　所有権の登記名義人に係る相続の発生を不動産登記に 　　　反映させるための仕組み	

参考 資料	トピック	内容	部会回次
1	登記制度・土地所有権の在り方等に関する研究会「登記制度・土地所有権の在り方等に関する研究報告書」	第1章　はじめに 第2章　相続等による所有者不明土地の発生を予防するための 　　　仕組み 第3章　所有者不明土地を円滑かつ適正に利用するための仕組み 第4章　変則型登記の解消	第1回 2019.3.19
2	藤巻梓「外国法制調査（ドイツ）」	1. ドイツ法における所有権の放棄 2. ドイツ法における相続と登記 3. ドイツ法における取得時効と登記 4. ドイツ法における共同所有 5. ドイツ法における不在者の財産管理 6. ドイツ法における土地の境界および相隣関係	
3	原恵美「外国法制調査（フランス）」	はじめに 第1章　登記制度の概要 第2章　相続登記 第3章　土地の放棄 第4章　共有 第5章　財産管理：相続財産の管理および不在者財産管理 第6章　相隣関係	
4	地方公共団体ヒアリング質問事項	〔土地所有権の放棄について〕	第9回 2019.10.29
5	東京家庭裁判所本庁及び大阪家庭裁判所本庁における調査結果	〔相続財産管理事件（民法952条1項）について〕	第10回 2019.11.19
6-1	「民法・不動産登記法（所有者不明土地関係）等の改正に関する中間試案」に対して寄せられた意見の概要(1)	試案第1部（民法等の見直し）に関する意見	第13回 2020.6.2
6-2	「民法・不動産登記法（所有者不明土地関係）等の改正に関する中間試案」に対して寄せられた意見の概要(2)	試案第2部（不動産登記法等の見直し）に関する意見	

7	「民法・不動産登記法（所有者不明土地関係）等の改正に関する中間試案」に対して寄せられた意見の概要（要約版）	試案第 1 部（民法等の見直し）に関する意見 試案第 2 部（不動産登記法等の見直し）に関する意見	
8	土地所有権放棄制度の利用見込等に関する調査について	(1)　調査設計 (2)　推計結果	第 16 回 2020.8.4
その他	**トピック**	**内容**	**部会回次**
	国土交通省（横山関係官）提出資料	土地の利用・管理に関して必要な措置の方向性（概要） 国土審議会土地政策分科会特別部会とりまとめ概要 国土審議会土地政策分科会特別部会とりまとめ	第 1 回 2019.3.19
	法制審議会民法・不動産登記法部会提出資料（財務省理財局）	全国の土地の種類別面積 国有地の分類別面積	第 2 回 2019.4.23
	〔土地所有権の放棄について〕	「所有者不明土地の発生抑制・解消に向けた土地所有権の放棄制度の創設に対する意見書」（全国知事会　国土交通委員会委員長　大分県知事　広瀬勝貞） 「土地所有権の放棄に関する意見」（全国市長会　経済委員会） 「土地所有権の放棄制度の創設について」（全国町村会副会長　山形県庄内町長　原田眞樹）	第 9 回 2019.10.29
	〔各界ヒアリング〕	「名張市のあき地に対する対応について」（三重県　名張市役所環境対策室） 「所有者不明土地問題の解決に向けた民法・不動産登記法の見直しに対する意見書」（公益社団法人全日本不動産協会） 「民法・不動産登記法見直しに係る意見」（公益社団法人全国宅地建物取引業協会連合会） 「民法・不動産登記法の改正について」（公益社団法人日本不動産鑑定士協会連合会） 「『民法・不動産登記法（所有者不明土地関係）等の改正に関する中間試案』に関する意見」（一般社団法人全国住宅産業協会） 「所有者不明土地問題解決に向けた民法・不動産登記法の見直しに関する意見」（一般社団法人不動産協会）	第 12 回 2020.2.18
	土地所有権の国庫への帰属の承認等に関する制度の創設について（総務省）	「民法・不動産登記法（所有者不明土地関係）等の改正に関する要綱案のたたき台(4)」のうち，第 3 部の土地所有権の放棄について（全国市長会，全国町村会）	第 23 回 2020.12.15
	土地所有権の国庫への帰属の承認等に関する制度の創設について（総務省）	「民法・不動産登記法（所有者不明土地関係）等の改正に関する意見」（全国市長会，全国町村会）	第 24 回 2021.1.12

出典：法制審議会民法・不動産登記法部会資料等に基づき，筆者作成。

図表 0 -4　要綱および令和 3 年民法・不動産登記法改正等

要綱		令和 3 年民法・不動産登記法改正等	
第 I 部	民法等の改正	改正規定等	備考
第 I　相隣関係	I　隣地使用権	民法 209 ① 民法 209 ② 民法 209 ③ 民法 209 ④	【隣地の使用】
	2　竹木の枝の切除等	民法 233 ① 民法 233 ② 民法 233 ③ 民法 233 ④	【竹木の枝の切除及び根の切取り】 [2] 竹木の所有者不明の場合★ 〔改正前民法 233 ②と同じ〕
	3　継続的給付を受けるための 　　設備設置権及び設備使用権	民法 213 の 2 ① 民法 213 の 2 ② 民法 213 の 2 ③ 民法 213 の 2 ④ 民法 213 の 2 ⑤ 民法 213 の 2 ⑥ 民法 213 の 2 ⑦ 民法 213 の 3 ① 民法 213 の 3 ②	【継続的給付を受けるための設備の設置権等】
第 2　共有等	I　共有物を使用する共有者と 　　他の共有者との関係等	民法 249 ① 民法 249 ② 民法 249 ③	【共有物の使用】
	2　共有物の変更行為	民法 251 ① 民法 251 ②	【共有物の変更】 共有者不明の場合★
	3　共有物の管理	民法 252 ① 民法 252 ② 民法 252 ③ 民法 252 ④ 民法 252 ⑤	【共有物の管理】 [1] 共有者不明の場合★ ,[2] 賛否不明の場合
	4　共有物の管理者	民法 252 の 2 ① 民法 252 の 2 ② 民法 252 の 2 ③ 民法 252 の 2 ④	【共有物の管理者】 共有者不明の場合★
	5　変更・管理の決定の裁判の手続	非訟法 85 ① 非訟法 85 ② 非訟法 85 ③ 非訟法 85 ④ 非訟法 85 ⑤ 非訟法 85 ⑥	【共有物の管理に係る決定】★
	6　裁判による共有物分割	民法 258 ① 民法 258 ② 民法 258 ③ 民法 258 ④	【裁判による共有物の分割】 [1] 現物分割 ,[2] 賠償分割
	7　相続財産に属する共有物の 　　分割の特則	民法 258 の 2 ① 民法 258 の 2 ② 民法 258 の 2 ③	
	8　所在等不明共有者の持分の 　　取得	民法 262 の 2 ① 民法 262 の 2 ② 民法 262 の 2 ③ 民法 262 の 2 ④ 民法 262 の 2 ⑤	【所在等不明共有者の持分の取得】★

	9　所在等不明共有者の持分の譲渡	民法 262 の 3 ① 民法 262 の 3 ② 民法 262 の 3 ③ 民法 262 の 3 ④	【所在等不明共有者の持分の譲渡】★
	10　相続財産についての共有に関する規定の適用関係	民法 898 ① 民法 898 ②	【共同相続の効力】〔898 ①は改正なし〕
	〔準共有〕	民法 264	【準共有】民法 262 の 2,262 の 3 を除く
第 3　所有者不明土地管理命令等	1　所有者不明土地管理命令及び所有者不明建物管理命令 (1)　所有者不明土地管理命令	民法 264 の 2 ① 民法 264 の 2 ② 民法 264 の 2 ③ 民法 264 の 2 ④	【所有者不明土地管理命令】★
	(2)　所有者不明土地管理人の権限	民法 264 の 3 ① 民法 264 の 3 ②	【所有者不明土地管理人の権限】
	(3)　所有者不明土地等に関する訴えの取扱い	民法 264 の 4	【所有者不明土地等に関する訴えの取扱い】
	(4)　所有者不明土地管理人の義務	民法 264 の 5 ① 民法 264 の 5 ②	【所有者不明土地管理人の義務】
	(5)　所有者不明土地管理人の解任及び辞任	民法 264 の 6 ① 民法 264 の 6 ②	【所有者不明土地管理人の解任及び辞任】
	(6)　所有者不明土地管理人の報酬等	民法 264 の 7 ① 民法 264 の 7 ②	【所有者不明土地管理人の報酬等】
	(7)　所有者不明土地管理制度における供託等及び取消し	非訟法 90 ⑧ 非訟法 90 ⑩ 非訟法 90 ⑪ 非訟法 90 ⑬	【所有者不明土地管理命令及び所有者不明建物管理命令】
	(8)　所有者不明建物管理命令	民法 264 の 8 ① 民法 264 の 8 ② 民法 264 の 8 ③ 民法 264 の 8 ④ 民法 264 の 8 ⑤	【所有者不明建物管理命令】★
	2　管理不全土地管理命令及び管理不全建物管理命令 (1)　管理不全土地管理命令	民法 264 の 9 ① 民法 264 の 9 ② 民法 264 の 9 ③	【管理不全土地管理命令】
	(2)　管理不全土地管理人の権限	民法 264 の 10 ① 民法 264 の 10 ② 民法 264 の 10 ③	【管理不全土地管理人の権限】
	(3)　管理不全土地管理人の義務	民法 264 の 11 ① 民法 264 の 11 ②	【管理不全土地管理人の義務】
	(4)　管理不全土地管理人の解任及び辞任	民法 264 の 12 ① 民法 264 の 12 ②	【管理不全土地管理人の解任及び辞任】
	(5)　管理不全土地管理人の報酬等	民法 264 の 13 ① 民法 264 の 13 ②	【管理不全土地管理人の報酬等】
	(6)　管理不全土地管理制度における供託等及び取消し	非訟法 91 ⑤ 非訟法 91 ⑦	【管理不全土地管理命令及び管理不全建物管理命令】
	(7)　管理不全建物管理命令	民法 264 の 14 ① 民法 264 の 14 ② 民法 264 の 14 ③ 民法 264 の 14 ④	【管理不全建物管理命令】

第4 相続等	1 相続財産等の管理 (1) 相続財産の管理	民法 897 の 2 ① 民法 897 の 2 ② 民法 918 民法 926 ① 民法 926 ②	【相続財産の保存】★ 【相続人による管理】〔改正前 918 ①と同じ〕 【限定承認者による管理】〔926 ①は改正なし〕
	(2) 相続の放棄をした者による管理	民法 940 ① 民法 940 ②	【相続の放棄をした者による管理】
	(3) 不在者財産管理制度及び相続財産管理制度における供託等及び取消し	家手法 146 の 2 ① 家手法 146 の 2 ②	【供託等】
	2 相続財産の清算 (1) 相続財産の清算人への名称の変更	民法 936 ① 民法 936 ② 民法 936 ③ 民法 952 ① 民法 953 民法 954 民法 955 民法 956 ① 民法 956 ②	【相続人が数人ある場合の相続財産の清算人】 【相続財産の清算人の選任】★ 【不在者の財産の管理人に関する規定の準用】 【相続財産の清算人の報告】 【相続財産の法人の不成立】 【相続財産の清算人の代理権の消滅】
	(2) 民法第 952 条以下の清算手続の合理化	民法 952 ② 民法 957 ① 民法 957 ② 民法 958 民法 958 の 2 ① 民法 958 の 2 ②	〔改正前 958 は削除〕 【相続債権者及び受遺者に対する弁済】 〔改正なし〕 【権利を主張する者がない場合】 【特別縁故者に対する相続財産の分与】 〔改正前民法 958 の 3 ①〕
	3 遺産分割に関する見直し (1) 期間経過後の遺産の分割における相続分 (2) 遺産の分割の調停又は審判の申立ての取下げ (3) 遺産の分割の禁止	民法 904 の 3 家手法 273 ② 家手法 199 ② 民法 907 ① 民法 907 ② 民法 908 ① 民法 908 ② 民法 908 ③ 民法 908 ④ 民法 908 ⑤	【期間経過後の遺産の分割における相続分】 【家事調停の申立ての取下げ】 【申立ての取下げの制限】 【遺産分割の協議又は審判】 〔改正なし〕 【遺産の分割の方法の指定及び遺産の分割の禁止】〔908 ①は改正前 908 と同じ〕
第2部	**不動産登記法等の見直し**	**改正規定等**	**備考**
第1 所有権の登記名義人に係る相続の発生を不動産登記に反映させるための仕組み	1 相続登記等の申請の義務付け及び登記手続の簡略化 (1) 所有権の登記名義人が死亡した場合における登記の申請の義務付け (2) 相続登記等の申請義務違反の効果 (3) 相続人申告登記（仮称）の創設 (4) 遺贈による所有権の移転の登記手続の簡略化 (5) 法定相続分での相続登記がされた場合における登記手続の簡略化	 不登法 76 の 2 ① 不登法 76 の 2 ② 不登法 76 の 2 ③ 不登法 164 ① 不登法 76 の 3 ① 不登法 76 の 3 ② 不登法 76 の 3 ③ 不登法 76 の 3 ④ 不登法 76 の 3 ⑤ 不登法 76 の 3 ⑥ 不登法 63 ③ 〔不登法 67〕	 【相続等による所有権の移転の登記の申請】 【過料】 【相続人である旨の申出等】 【判決による登記等】

	2　権利能力を有しないこととなったと認めるべき所有権の登記名義人についての符号の表示	不登法 76 の 4	【所有権の登記名義人についての符号の表示】
第2　所有権の登記名義人の氏名又は名称及び住所の情報の更新を図るための仕組み	1　氏名又は名称及び住所の変更の登記の申請の義務付け	不登法 76 の 5	【所有権の登記名義人の氏名等の変更の登記の申請】
	2　登記所が氏名又は名称及び住所の変更情報を不動産登記に反映させるための仕組み	不登法 76 の 6	【職権による氏名等の変更の登記】
第3　登記所が他の公的機関から所有権の登記名義人の死亡情報や氏名又は名称及び住所の変更情報を取得するための仕組み		不登法 151	【情報提供の求め】
第4　登記義務者の所在が知れない場合等における登記手続の簡略化	1　登記義務者の所在が知れない場合の一定の登記の抹消手続の簡略化	不登法 70 ① 不登法 70 ② 不登法 70 ③ 不登法 70 ④ 不登法 69 の 2	【除権決定による登記の抹消等】★ 〔改正前不登法 70 ③と同じ〕 【買戻しの特約に関する登記の抹消】
	2　解散した法人の担保権に関する登記の抹消手続の簡略化	不登法 70 の 2	【解散した法人の担保権に関する登記の抹消】 法人解散・清算人の所在不明★
第5　その他の見直し事項	1　登記名義人の特定に係る登記事項の見直し	不登法 73 の 2 ① [1] 不登法 73 の 2 ③	【所有権の登記の登記事項】
	2　外国に住所を有する登記名義人の所在を把握するための方策 (1)　国内における連絡先となる者の登記	不登法 73 の 2 ① [2] 不登法 73 の 2 ②	
	(2)　外国に住所を有する外国人についての住所証明情報の見直し		〔①外国政府等の発行した住所証明情報，または②住所を証明する公証人の作成に係る書面（外国政府等の発行した本人確認書類の写しが添付されたものに限る。）〕
	3　附属書類の閲覧制度の見直し	不登法 121 ① 不登法 121 ② 不登法 121 ③ 不登法 121 ④ 不登法 121 ⑤	【登記簿の附属書類の写しの交付等】 〔121 ①は改正なし〕 図面の閲覧請求 図面を除く附属書類の閲覧請求 自己を申請人とする登記記録の閲覧請求 〔改正前 121 ③と同じ〕
	4　所有不動産記録証明制度（仮称）の創設	不登法 119 の 2 ① 不登法 119 の 2 ② 不登法 119 の 2 ③ 不登法 119 の 2 ④	【所有不動産記録証明書の交付等】
	5　被害者保護のための住所情報の公開の見直し	不登法 119 ⑥	【登記事項証明書の交付等】

第3部	土地所有権の国庫への帰属の承認等に関する制度の創設	相続等により取得した土地所有権の国庫への帰属に関する法律	
第4部	その他		

出典：要綱および令和3年民法・不動産登記法改正等に基づき，筆者作成。
【　】内は，条文の見出しを指す。
★は，所有者不明（共有者不明を含む）関連の規定を指す。

I　はじめに

令和3年民法・不動産登記法 改正等の経緯と特色

1　令和 3 年民法・不動産登記法改正等の経緯

(1)　「所有者不明土地」問題への対応立法の展開

「民法等の一部を改正する法律」（令和 3 年 4 月 28 日法律 24 号）および「相続等により取得した土地所有権の国庫への帰属に関する法律」（同法律 25号）——本書にいう「令和 3 年民法・不動産登記法改正等」[1]——は、いわゆる「所有者不明土地問題」に立法上対処するために、所有者不明土地の発生を予防し、その利用・管理を円滑化し、それを解消するために、準備が始まった。

「所有者不明土地」とは、①所有者（共有の場合における共有者を含む。以下、同じ）が誰であるか特定できない土地（所有者が特定不能の土地）、および②仮に所有者が誰であるか判明していても、その所在が不明である土地（所有者が所在不明の土地）を意味する[2]。例えば、改正民法は「所有者不明土地管理命令」の対象となる土地につき、「所有者を知ることができず、又はその所在を知ることができない土地（土地が数人の共有に属する場合にあっては、共有者を知ることができず、又はその所在を知ることができない土地の共有持分）」（民法 264 の 2 ①＊）と定めている[3]。しかし、所有者不明土地については、法令上統一的な定義があるわけではなく、各法律がその目的に応じて定義している[4]。

例えば、「所有者不明土地」の定義例として、「相当な努力が払われたと認められるものとして政令で定める方法により探索を行ってもなおその所有者の全部又は一部を確知することができない一筆の土地」（所円法 2 ①。なお、同法施行規則 1 ～ 3 も参照）、「相当な努力を払って探索を行ってもなお

1　「はしがき」（ⅰ頁）参照。その施行日については、後述(4)参照。
2　松尾 2018: 94 頁注 1 参照。
3　所有者不明土地管理命令については、後述 Ⅱ 3 (1)、(3)参照。
4　松尾 2019a: 342-348 頁参照。

その所有者の全部又は一部を確知することができない土地」（土基法 13 ⑤括弧書）等がある。

　ここで注目すべきは，「相当な努力」を払って探索しても所有者やその所在が判明しない土地を「所有者不明土地」と定義していることである。つまり，**「所有者不明土地」**は，土地所有者と何らかの交渉をしたい者にとって許容可能かつ合理的な所有者探索コストの範囲内で所有者およびその所在が明らかになるか，ということとの関係で決まる相対的概念である。所有者およびその所在の探索のために，いくらでも時間，労力および費用をかけてもよいのであれば，おそらく所有者不明土地はほとんどないことになるであろう[5]。しかし，土地所有者と交渉し，その土地に対して利用，その他の行為をしようとする者が，そのために必要とする費用全体の中で，所有者やその所在の探索にかけることが許容可能かつ合理的なコストは無制限ではありえない。その結果，各々の法律の目的に照らして許容可能かつ合理的な所有者探索コストに従って，所有者不明土地が定義されるべきことになる。先に例示した所有者不明土地の定義における「相当な努力」という要件は，そのことを示している。

　令和 3 年民法・不動産登記法改正等に先立ち，所有者不明土地問題への立法対応は，所有者（または共有者）不明の森林や農地の利用を促進するための森林法，農業経営基盤強化促進法，農地法の改正等を皮切りに，次第に対象土地の範囲を広げる形で展開した[6]。なお，所有者不明土地問題への法的対応は，立法による対応に先立ち，関連する法解釈についてのガイドラインの提示を通じても行われたことにも留意する必要がある[7]。

5　しばしば引用される国土交通省の調査によれば，平成 28 年度に地籍調査を実施した 62 万 2,608 筆のうち，不動産登記簿によって土地所有者，その他の利害関係人またはこれらの代理人の所在が確認できなかった土地は 12 万 5,059 筆（20.1％）あったが，地籍調査の実施主体である地方公共団体が戸籍，住民票，聞取り等による追跡調査をした結果，最終的に土地所有者等の所在が不明だった土地は 2,526 筆（0.41％）に止まった。国土交通省「平成 28 年度地籍調査における土地所有者等に関する調査」。土地白書（平成 30 年版）114 頁図表 3-1-1。
6　その経緯につき，松尾 2019a: 338-342 頁，松尾 2019b，松尾 2020a，松尾 2020b 参照。

　そして，「経済財政運営と改革の基本方針 2017 〜 人材への投資を通じた生産性向上〜」（骨太方針）（平成 29〔2017〕年 6 月 9 日閣議決定）は，「所有者を特定することが困難な土地」を，十分に活用されていない土地・空き家等とともに，有効に活用し，地域の実情に応じた適切な利用・管理を促すべく，共有地管理に係る同意要件の明確化，地域ニーズに対応した幅広い公共的目的のための利用を可能とする新たな仕組みの構築，長期間相続登記が未了の土地の解消を図るための方策等について，必要な法案を次期通常国会に提出することを目指すものとした[8]。その 1 年後，「所有者不明土地の利用の円滑化等に関する特別措置法」が制定され（平成 30 年 6 月 13 日法律 49 号），所有者不明土地の公共的利用を促進し（所円法 6 〜 37），所有権の登記名義人の死亡後 30 年以上相続登記がされていない土地に対応すべく（所円法 40 ①・②，所円令 10），規定が設けられた。

　また，「所有者不明土地等対策の推進のための関係閣僚会議」（平成 30〔2018〕年 1 月 19 日閣議口頭了解）が開催され（第 1 回会議は同年 1 月 19 日），その第 2 回会議（同年 6 月 1 日）で，「所有者不明土地等対策の推進に関する基本方針」（以下，所有者不明土地対策等基本方針）が決定された。そして，「経済財政運営と改革の基本方針 2018 〜 少子高齢化の克服による持続的な成長経路の実現〜」（骨太方針）（平成 30〔2018〕年 6 月 15 日閣議決定）は，人口減少時代に対応した制度等の抜本見直しとして，一層積極的に所有者不明土地問題への対応に言及し，所有者不明土地等について，前記の所有者不明土地対策等基本方針等に基づき，期限を区切って対策を推進すべきものとした。具体的には，①土地の管理・利用に関して所有者が負うべき責務やその担保方策，②所有者不明の場合を含めて地籍調査を円滑かつ迅速に進めるための措置，③相続登記の義務化等を含めて相続等を登記に反映さ

7　例えば，共有私道の管理に関して，共有者の一部が不明の場合についての対応における民法，区分所有法等の解釈基準を示したものとして，共有私道研究会報告書 2018 がある。
8　骨太方針 2017: 37-38 頁。

せるための仕組み，④登記簿と戸籍等の連携等による所有者情報を円滑に把握する仕組み，⑤土地を手放すための仕組み等について検討し，「2018年度中に制度改正の具体的方向性を提示した上で，2020年までに必要な制度改正の実現を目指す」ものとした。また，⑥変則的な登記の解消を図るため，必要となる法案の次期通常国会への提出を目指すとともに，必要となる体制を速やかに整備するとした。加えて，⑦遺言書保管制度の円滑な導入，登記所備付地図の整備等の取組みを進めるとともに，住民票等の除票の保存期間の延長についても引き続き検討するものとした[9]。

　これらの政策指針のうち，①・②・⑥・⑦は，「土地基本法等の一部を改正する法律」（令和2年3月31日法律12号）による土地基本法の改正[10]，および国土調査促進特別措置法，国土調査法，不動産登記法，地方自治法等の改正，「民法及び家事事件手続法の一部を改正する法律」（平成30年7月13日法律72号）による民法第5編（899の2等）の改正，「法務局におけ

9　骨太方針 2018: 62-63 頁。
10　改正土地基本法（施行は一部規定を除き，令和2年4月1日）は，所有者不明土地問題が深刻化する中で，土地の所有者等（土地の所有者または土地を使用・収益する権原を有する者。土基法4①）が負うべき責務（土基法6）を明らかにするとともに，土地所有者等，隣地所有者，地域コミュニティ，地方公共団体，国等，土地の利用および管理に関わる多様な主体が果たすべき役割と連携を明らかにし，「安全で持続可能な社会」（土基法1）を形成するための土地法制の包摂性と整合性を高めた（その概要につき，松尾 2021 参照）。
　すなわち，改正土地基本法は，一方で，土地所有者等が，土地についての基本理念（土基法2～5）に則り，「土地の利用及び管理並びに取引を行う責務」を有し（土基法6①），その責務を遂行する際に，「その所有する土地に関する登記手続その他の権利関係の明確化のための措置及び当該土地の所有権の境界の明確化のための措置を適切に講ずるように努めなければならない」（土基法6②）とし，さらに，「国又は地方公共団体が実施する土地に関する施策に協力しなければならない」（土基法6③）ことを明確にした（下線は引用者による）。
　他方で，改正土地基本法は，国および地方公共団体は，「適正かつ合理的な土地の利用及び管理を図るため」，「必要な土地の利用及び管理に関する計画を策定」するものとしている（土基法12①）。そして，そうした計画に従って行われるべき適正な土地の利用・管理の確保を図るために必要な措置（土基法13①）を講ずるに当たっては，「所有者不明土地（相当な努力を払って探索を行ってもなおその所有者の全部又は一部を確知することができない土地をいう。）の発生の抑制及び解消並びに円滑な利用及び管理の確保が図られるように努めるものとする」（土基法13⑤）ことを明確に規定した（下線は引用者による）。
　以上の意味で，令和3年民法・不動産登記法改正等は，これら改正土地基本法の規定を具体化した面ももつ。このように，令和3年民法・不動産登記法改正等には，所有者不明土地問題に対する「民事基本法制」の観点からの対応立法の面と，改正土地基本法の前記諸規定の具体化という面の2つの意味をもつ。なお，両者の関係につき，七戸 2021: 10-11 頁参照。

図表 I -1　所有者不明土地問題への対応に関連する立法（平成 30〔2018〕年以降）

	法律名	主な内容
①	民法及び家事事件手続法の一部を改正する法律 （平成 30 年 7 月 13 日法律 72 号）	相続法等の改正
②	法務局における遺言書の保管等に関する法律 （平成 30 年 7 月 13 日法律 73 号）	自筆証書遺言の保管， 遺言による財産処分の促進
③	表題部所有者不明土地の登記及び管理の適正化に関する 法律（令和元年 5 月 24 日法律 15 号）	変則型登記の解消等
④	住民基本台帳法の一部を改正する法律 （令和元年 5 月 31 日法律 16 号）	住民票等の除票の保存期間 の延長等
⑤	土地基本法等の一部を改正する法律 （令和 2 年 3 月 31 日法律 12 号）	土地基本法，国土調査促進特別措 置法，国土調査法，不動産登記法， 地方自治法等の改正
⑥	民法等の一部を改正する法律 （令和 3 年 4 月 28 日法律 24 号）	物権法，相続法， 不動産登記法等の改正
⑦	相続等により取得した土地所有権の国庫への帰属に関す る法律（令和 3 年 4 月 28 日法律 25 号）	土地所有権の国庫帰属の承認 （いわゆる土地所有権の放棄）

出典：筆者作成。

　る遺言書の保管等に関する法律」（平成 30 年 7 月 13 日法律 73 号），「表題部所有者不明土地の登記及び管理の適正化に関する法律」（令和元年 5 月 24 日法律 15 号），「住民基本台帳法の一部を改正する法律」（令和元年 5 月 31 日法律 16 号）等によって実現された（図表 I -1 ①〜⑤）。

　そして，残された政策課題である③相続登記の義務化等，相続等を登記に反映させるための仕組み，④不動産の所有者情報を円滑に把握する仕組み，および⑤土地を手放すための仕組みは，所有者不明土地の発生予防および円滑かつ適正な利用に関するその他の課題とともに，その後令和 3 年民法・不動産登記法改正等によって立法対応が行われることになった。

　このように，令和 3 年民法・不動産登記法改正等は，それに先立つ諸立法と密接な法政策的繋がりをもち，所有者不明土地問題への対応立法として連続性をもつ立法展開の帰結であることが分かる（図表 I -1 参照）。

(2)　登記制度・土地所有権の在り方等に関する研究会における検討

　骨太方針2017（2017年6月。前述(1)）が出されて間もなく，「登記制度・土地所有権の在り方等に関する研究会」が設置され（2017年10月），約1年半をかけて18回の検討を行い，その検討結果の取りまとめとして，2019年2月に『登記制度・土地所有権の在り方等に関する研究報告書〜所有者不明土地問題の解決に向けて〜』（以下，「在り方研報告書」という）を公表した[11]。同研究会（および在り方研報告書）の特色は，「民事基本法制」（および「民事法務行政」）の観点から[12]，所有者不明土地対策として考えられる手段を網羅的に検討した点にある（図表0-1参照）。

　それは，一方で，(ⅰ)相続等による所有者不明土地の発生を予防するための仕組みとして，①不動産登記の申請の義務化，②義務化の実効性を確保するための手段，③登記手続の簡略化，④不動産登記情報の更新等，⑤土地所有権の放棄，⑥遺産分割の促進について検討した。

　他方で，それは，(ⅱ)所有者不明土地を円滑かつ適正に利用するための仕組みとして，①通常の共有における共有物の管理，②遺産共有における共有物の管理，③通常の共有における持分の移転・共有の解消方法等，④遺産共有における持分の移転・共有の解消方法，⑤不在者等の財産の管理（不在者の特定の財産を管理するための仕組みを含む），⑥相続人があることが明らかでない場合の相続財産の管理・清算，⑦遺産共有状態における相続財産の保存または管理のための制度の創設，⑧隣地等の管理措置請求，⑨越境した枝の切除，⑩隣地の使用請求，⑪ライフラインの導管等の設置に係る他人の土地および他人の設置した導管等への接続等を検討した。

　さらに，(ⅲ)変則型登記がされた土地（所有権の登記がない一筆の土地のうち，表題部に所有者の氏名または名称および住所の全部または一部が登記されていない土

---

[11]　在り方研報告書は，金融財政事情研究会編2019: 2-135頁に収録されている。
[12]　在り方研報告書第1章第1・第2（金融財政事情研究会編2019: 7-10頁）。

地）の解消に向けた，登記官が主体となった所有者の探索，その結果に基づく登記の改訂，所有者または共有者を特定できなかった場合における管理者による管理を可能とする措置も検討された。

このうち，(i)および(ii)では，その後，法制審議会民法・不動産登記法部会で検討されることになる論点がほぼ網羅的に，かつ詳細に検討されている[13]。また，(iii)は前述した，「表題部所有者不明土地の登記及び管理の適正化に関する法律」（令和元年5月24日法律15号）による立法化へと通じた。

(3) 法制審議会民法・不動産登記法部会から法案提出へ

前述した在り方研報告書の公表とほぼ時を同じくして，民法および不動産登記法に関する法務大臣の諮問107号（2019年2月14日）が発出され，法制審議会（第183回会議）に提示された。それは，(i)「相続等による所有者不明土地の発生を予防するための仕組み」として，①「相続登記の申請を土地所有者に義務付けることや登記所が他の公的機関から死亡情報等を入手すること等により，不動産登記情報の更新を図る方策」，②「土地所有権の放棄を可能とすることや遺産分割に期間制限を設けて遺産分割を促進すること等により，所有者不明土地の発生を抑制する方策」，および(ii)「所有者不明土地を円滑かつ適正に利用するための仕組み」として，①「民法の共有制度を見直すなど，共有関係にある所有者不明土地の円滑かつ適正な利用を可能とする方策」，②「民法の不在者財産管理制度及び相続財産管理制度を見直すなど，所有者不明土地の管理を合理化するための方策」，③「民法の相隣関係に関する規定を見直すなど，隣地所有者によ

---

13 例えば，所有者（共有者を含む）不明土地の時効取得に関しては，[1] 時効取得を原因とする所有権の移転の登記手続の簡略化（登記義務者の所在が知れない場合，取得時効の起算日前に所有権の登記名義人が死亡した場合）（第2章第1節第3款第3)，[2] 共有者による取得時効（第3章第1節第4.2)，[3] 相続人による取得時効（同前第5.2)，[4] 取得時効を理由とする持分移転登記請求訴訟（同前第6.1）について検討が行われた。

る所有者不明土地の円滑かつ適正な利用を可能とする方策」について，意見を求めた。

　法制審議会は，これを民法・不動産登記法部会に付託して審議することを決定し，同部会は第1回会議を平成31 (2019) 年3月19日に開催し，調査・審議を開始した。

　同部会は，第11回会議（令和元年12月3日）までの審議を踏まえて，「民法・不動産登記法（所有者不明土地関係）等の改正に関する中間試案」を取りまとめ，令和2 (2020) 年1月10日に補足説明を付して公開し，パブリックコメントの手続を開始した（同年1月10日〜3月10日まで実施）。同中間試案では，検討の順序が(ⅰ)第1部　民法等の見直し，(ⅱ)第2部　不動産登記法等の見直しへと再編され，同部会での検討結果が提示された（図表0-2参照）。

　同部会は，パブリックコメントの結果を踏まえて審議を続け，令和3 (2021) 年2月2日の第26回会議において，「民法・不動産登記法（所有者不明土地関係）の改正等に関する要綱案」を決定した（図表0-3参照）。

　同要綱案は，令和3 (2021) 年2月10日，法制審議会第189回会議において，全会一致で原案どおり議決され，「民法・不動産登記法（所有者不明土地関係）の改正等に関する要綱」として，法務大臣に答申された（図表0-4参照）。

　同要綱に基づき，①「民法等の一部を改正する法律案」および②「相続等により取得した土地所有権の国庫への帰属に関する法律案」の2法案が作成された。両法案は，令和3年3月5日，第204回国会に提出され，衆議院議案として受理された[14]。また，同日，参議院予備審査議案として受理された。

14　民法等の一部を改正する法律案（議案番号55），相続等により取得した土地所有権の国庫への帰属に関する法律案（議案番号56）。

⑷　国会審議から成立・公布・施行へ

i　衆議院

　衆議院は，令和3（2021）年3月16日，両法案を法務委員会に付託して審査を行った。同法務委員会は，①2021年3月17日，②19日，③23日，④24日，および⑤30日に審議を行った[15]。そして，同年3月30日に法務委員会は両法案を可決した（附帯決議あり。以下，「衆議院法務委員会附帯決議」という）[16]。衆議院は，同年4月1日の本会議において全会一致で両法案を可決し，同日，参議院に送付，受理された。

ii　参議院

　参議院は，令和3（2021）年4月7日，両法案を法務委員会に付託して審査を行った。同法務委員会は，①2021年4月8日，②13日，③15日，および④20日に審議を行った[17]。そして，同年4月20日に法務委員会は両法案を可決した（附帯決議あり。以下，「参議院法務委員会附帯決議」という）[18]。参議院は，翌4月21日の本会議において，全会一致で両法案を可決した。

iii　公布・施行

　「民法等の一部を改正する法律」は，令和3年4月28日法律24号として公布され，特別に定める場合を除き，公布日から起算して2年を超えない範囲内において政令で定める日から施行するものとされた（附則1条本文）[19]。

　「相続等により取得した土地所有権の国庫への帰属に関する法律」は同

15　衆議院法務委員会会議録4号～8号。

16　2021年3月30日，衆議院法務委員会は，両法案に対する附帯決議をした（衆議院法務委員会会議録8号）。

17　参議院法務委員会会議録6号～9号。

18　2021年4月20日，参議院法務委員会は，両法案に対する附帯決議をした（参議院法務委員会会議録9号）。

日法律 25 号として公布され，公布日から起算して 2 年を超えない範囲内において政令で定める日から施行するものとされた（附則 1）。なお，同法施行後 5 年を経過した場合時点で，同法の施行状況について検討を加え，必要があると認めるときは，その検討に基づいて必要な措置を講ずるものとされた（附則 2）。

19　なお，相続登記の申請の義務化に関係する法改正については公布の日から起算して 3 年を超えない範囲内において政令で定める日（附則 1 条 2 号），住所等変更登記の申請の義務化に関係する法改正については公布の日から起算して 5 年を超えない範囲内において政令で定める日から施行するものとしている（附則 1 条 3 号）。

2　令和 3 年民法・不動産登記法改正等の特色

　以上に立法経緯を概観したように，令和 3 年民法・不動産登記法改正等は，所有者不明土地問題への民事基本法のレベルにおける対応立法として，その検討が開始され，加えて，先行して改正された土地基本法が提示した所有者不明土地問題への基本的対応方策を具体化する役割も果たす形で，新たな規律が模索された成果であるといえる。

　しかしまた，令和 3 年民法・不動産登記法改正法等は，所有者不明土地問題への対応立法にとどまらない改正内容を含んでいることにも，注意する必要がある。例えば，不動産登記法の改正規定による不動産所有権の相続登記の義務化は，土地のみならず，建物にも及ぶ。所有者不明土地・建物管理人，管理不全土地・建物管理人の制度も同様である（ただし，区分所有建物の専有部分・共用部分は除く）。また，共有に関する改正規定，相続財産の管理・清算に関する改正規定等は，不動産のみならず，動産にも及ぶものである。とりわけ，共有物の使用・管理・変更をめぐる民法規定の改正は，不動産・動産に共通するものとして，従来不明確であったがゆえに議論があった共有の基本法理に関し，規律を明確化した内容を含んでおり，重要である。

　以下では，所有者不明土地問題への対応立法という観点にとどまらず，それを超える改正点についても，関連する箇所において網羅的に確認し，令和 3 年民法改正等の全体概要を捉えることに努めたい。

Ⅱ 民法等の改正

.

1　相隣関係に関する規定の見直し

(1)　所有者不明土地問題と相隣関係

　土地所有者は隣地に対してどのような権利をもちうるか。これは隣接地所有者（および利用者）相互間における土地所有権（および土地所有者の権限に由来する土地利用権）の効力の調整問題として，実務的にも理論的にも議論が多いポイントである。そして，所有者不明土地の増加は，相隣関係における土地所有権および利用権の調整方法における規律の明確化を，さらに強く求める契機となった。土地所有者は，隣地の所有者が不明（以下，土地所有者の特定不能および所在不明の双方の事態を含めて，「土地所有者の不明」という）となっている場合，様々な不都合や悪影響またはその危険を被っている。例えば，隣地の樹木の枝が越境してきた場合，隣地の石垣や壁が崩れかけている場合，自己の所有地の便益のために隣地を使用したい場合などである。これらの問題に対処すべく，令和3年民法・不動産登記法改正等は，隣地がたとえ所有者不明となった場合であっても適正な利用および管理を図ることができるように，民法の相隣関係規定の改正を行った。

(2)　隣地使用権の承認

i　隣地使用請求権から隣地使用権へ

　改正前民法209条1項本文は，「土地の所有者は，境界又はその付近において障壁又は建物を築造し又は修繕するため必要な範囲内で，隣地の使用を請求することができる」としていた。それは，隣地使用の目的を境界またはその付近における障壁または建物の築造・修繕に限定するとともに，それに必要な範囲で隣地の使用を「請求することができる」とするものであった。したがって，隣地所有者が使用を承諾しないときは，隣地所有者

に対して訴えを提起し，その承諾の意思表示に代わる判決（民法 414 ①，民執法 174）を得る必要があるという見解（**隣地使用請求権説**）が，通説・裁判例であった[20]。これに対しては，民法 209 条が認める目的に従って隣地を迅速に使用することができるようにするために，承諾不要説（**隣地使用権説**）も存在したが[21]，少数説にとどまった。その理由は，隣地使用に関して争いがある場合は，隣地使用に先立ち，隣地使用請求が民法 209 条の要件を満たしているかどうか，隣地使用の必要性の有無および範囲につき，隣地使用請求の内容，代替手段の有無，隣地の使用状況，隣地所有者が受けると予想される損害の種類・程度などを考慮に入れて裁判所が判断することにより，隣地所有者の所有権を保護することが重視されたからである[22]。

　しかし，この価値判断は，所有者不明土地の増加により，隣地使用請求の手続コストの負担感の増大に伴い，再考を迫られることになった。土地所有者に認められるべき隣地使用の権利については，相隣関係法理の観点から，土地の所有権の便益の最大化と隣地所有者（およびその利用者）の利益保護の調和を図る必要がある。この基本視点を維持しつつも，隣地所有者の不明化という現象の増大に伴い，土地所有者による隣地使用のコスト（隣地所有者を探索するためのコストを含む）の増大に対し，これを軽減することが，土地所有権の効用を発揮するために要請されることになった。

　そこで，改正民法は，隣地の所有者が使用を承諾しない場合に意思表示に代わる判決を必要とする隣地使用請求権を，隣地所有者の承諾がなくとも使用できる**隣地使用権**へと変更した（民法 209 ①柱書本文＊）。しかしなお，法律上認められる隣地使用権の範囲を超えた利用を回避し，隣地の所有者

20　小粥編 2020: 373 頁（秋山靖浩）参照。横浜地判昭和 38 年 3 月 25 日下民 14 巻 3 号 444 頁，津地裁伊勢支判昭和 48 年 6 月 20 日判時 714 号 216 頁，東京地判昭和 60 年 10 月 30 日判タ 593 号 111 頁，東京地判平成 17 年 8 月 9 日判タ 1226 号 159 頁など。
21　川島＝川井編 2017: 331 頁（野村好弘＝小賀野晶一）。
22　能見＝加藤 2019: 251−252 頁（松尾弘）参照。

および利用者の利益を保護するために，原則として隣地を使用する者があらかじめ隣地使用の目的，日時，場所および方法を隣地の所有者および使用者に通知しなければならないという要件を設けることにより（民法209③＊）[23]，土地所有権の効用の増大と隣地の所有者および使用者の利益保護との調整を図った。

ただし，住家に立ち入るためには，「居住者」の「承諾」がなければならないとする点は，改正前民法209条ただし書の「隣人」を「居住者」としたほかは，維持された[24]。

ii 隣地使用権の要件

土地の所有者は，①境界またはその付近における障壁，建物，その他の工作物の築造，収去または修繕，②境界標の調査または境界に関する測量，および③隣地から越境した竹木の枝の切取り（民法233③＊）を「**目的**」として，そのために「**必要な範囲内**」で，「隣地を使用することができる」（民法209①柱書本文，[1]～[3]＊）。ただし，「住家」については，その「居住者」の承諾がなければ，立ち入ることはできない（民法209①柱書ただし書）。

隣地使用権の内容としては，隣地使用の**日時**，**場所**および**方法**について，隣地の所有者および隣地を現に使用している者（隣地使用者）のために損害が最も少ないものを選ばなければならない（民法209②＊）。

隣地使用権の行使要件としては，隣地を使用する者は，あらかじめ，前記の[1]隣地使用の目的，[2]日時，[3]場所および[4]方法を，隣地の所有者および隣地使用者に「**通知**」しなければならない（民法209③本文＊）。これは，隣地使用請求権から隣地使用権への修正に伴い，隣地の所有者お

---

23 また，その前提として，隣地使用権の内容が，その使用の日時，場所および方法に関して隣地の所有者および隣地を現に使用している者のために損害が最も少ないものでなければならないことを定めた（民法209②＊）。

24 加えて，改正法は，隣地使用の目的の範囲を拡大した（後述ii参照）。

および使用者の利益をあらかじめ保護するための方策である。なお，隣地の所有者または隣地使用者が損害を受けたときは，隣地を使用した土地の所有者に対して，償金を請求することができる（民法209④＊）。

　ただし，あらかじめ前記 [1] ～ [4] を通知することが困難なときは，使用を開始した後，**「遅滞なく，通知すること」**をもって足りる（民法209③ただし書＊）。これは，隣地の使用が必要であるにもかかわらず，所有者の特定不能または所在不明などのために，あらかじめ通知することが困難な場合に，隣地使用権の行使が妨げられることのないようにするものである。それは，隣地が所有者不明等の場合への対応策をも意識したものとして，重要な意味をもつ例外則である。所有者不明等によってあらかじめ通知することが困難な場合は，公告等の手続を経ることも要しないことを明らかにしたものであり，隣地所有権の効力を制約する一方で，隣地使用権を使い勝手のよいものにしたといえる[25]。

(3)　隣地から越境した竹木の枝の切除

ⅰ　切除請求権

　土地の所有者は，隣地の竹木の枝が境界線を越えるときは，その竹木の所有者に，その枝を切除させることができる（民法233①＊）。本項については，改正前民法233条1項と実質的に変更はない。

　なお，土地所有者からの切除請求に対し，隣地の竹木が数人の共有に属するときは，各共有者がその枝を切り取ることができる（民法233②＊）。

25　検討段階では，隣地所有者が誰であるか，またはその所在を知ることができない場合は，隣地使用の目的・場所・方法・時期，および所有者が一定の期間内に異議を述べることができる旨を公告したにもかかわらず，相当期間内に異議がないときは，当該土地所有者は，①境界またはその付近における障壁または建物その他の工作物の築造または修繕，②越境した枝の切除，③境界標の調査または境界を確定するための測量の目的のために必要な範囲内で，隣地を使用することができるものとすることが提案されていた（中間試案3.1②b参照）。その後，部会資料32・第1，部会資料46・第1で検討が続けられ，その後の部会で公告に代えて通知で足りるとするなど，大幅に修正されて，改正民法209条＊となった。

共有物である竹木の枝が越境した場合に、それを切除することは、共有物の保存行為（共有者各自が可能。民法252⑤＊），変更行為（全共有者の合意が必要。民法251①＊），変更に至らない管理行為（共有者の持分価格の過半数で可能。民法252①＊）のいずれに当たるか、議論が生じる可能性があることから、明文規定が設けられた。これにより、土地の所有者は隣地の竹木の枝が越境している場合、たとえそれが共有竹木であっても、共有者の誰に対しても切除請求することができることが明確になった。

ii　切除権

ア　切除権の発生要件

土地の所有者は、隣地の竹木の枝が境界線を越える場合において、①竹木の所有者に枝を切除するよう「催告」したにもかかわらず、竹木の所有者が相当の期間内に切除しないとき、②竹木の所有者を知ることができず、またはその所在を知ることができないとき、または③急迫の事情があるときは、自ら「その枝を切り取ることができる」（民法233③＊）。これは、隣地から越境した枝の切除権を認めたものである[26]。このうち、①の催告は、竹木が共有物であるときは、共有者の1人に対して催告すれば足りるものと解される（民法233②＊、前述 i 参照）。また、②は**竹木の所有者不明**の場合にも対応可能な切除権である。隣地が所有者不明の場合には、その上の竹木も所有者不明の場合が多いと考えられることから、これは所有者不明土地問題への対応方策の1つとして、実践的にも重要な意味をもつ新

26　隣地から越境した枝に関しては、中間試案の段階から、土地所有者は、隣地の竹木の所有者が誰か、またはその所在を知ることができない場合は、公告を要することなく、越境した枝を自ら切除する権利（切除権）を認めることが提案されていた（中間試案3.2【乙案】②b）。そもそも隣地から越境した枝は、所有者の特定不能・所在不明か否かにかかわらず、土地所有者が自ら切り取ることができるとの提案（中間試案3.2【甲案】）もあった。いずれにせよ，公告を経て異議申立ての有無を待つ必要はないものとする提案であり、これは、部会資料32・第2でも維持された。部会資料46・第2でも検討が継続され、竹木が数人の共有に属する場合は、共有者の1人に対する切除請求または催告で可能とすることが確認された（部会資料46・第2.1(1)①括弧書）。

規律であるといえる。

　そして，民法 233 条 3 項＊により，隣地から越境した竹木の枝の切除権が認められる場合は，そのために必要な範囲で，隣地使用権が認められ，隣地に立ち入ることができるとされたことにも，留意する必要がある（民法 209 ①［3］＊）[27]。

イ　切除の費用

　枝の切除の費用は，最終的に誰が負担すべきであろうか。この切除権に基づく枝の切除は，法律の規定によって付与された切除権の行使であるとともに，本来であれば竹木の所有者が行うべき枝の切除を，竹木の所有者に代わって行うものであるから，法理上は事務管理（民法 697）と解することもできる。したがって，切除の費用は，竹木の所有者に対して償還請求することが可能であると解される（民法 702 ①，③）。あるいは，本来竹木の所有者が行うべき枝の切除をせずに，土地所有者が費用を支出して切除したことにより，切除費用の出費を免れたことを不当利得と解して，返還請求することも可能であると解される[28]。

ウ　切除した枝の所有権

　切除した枝の所有権の帰属については，解釈の余地がある。それは切除した後の枝の処分方法にも影響する。これについては，ひとまず竹木の所有者の所有物であると解される。そうであるとすれば，切除後は隣地に存置すべきとも考えられる。しかし，それによって害虫の発生など，他人の権利または法益を侵害し，または侵害する危険があるときは，それによる竹木の所有者の損害賠償義務の発生を回避すべく，切除者が処分すること

27　前述(1) ⅱ参照。
28　不当利得の類型としては，非給付不当利得のうち，費用利得（民法 196，299，350，583 ②，608，665 等参照）に当たるであろうか。

も，可能であると解される。これが事務管理（民法697）に当たると解することができるとすれば，その処分に要した費用は，竹木の所有者に対して償還請求することが可能であると解される（民法702①，③）。

また，切除した枝に経済的価値がある場合，切除した隣地所有者は，切除権を行使して切除した枝に対して取得した占有権に基づき，枝の切除に要した費用償還請求権（および枝の越境によって被った損害に対する損害賠償請求権）を被担保債権として，留置権（民法295）を主張することも考えられる。

なお，隣地の竹木の根が越境した場合に関する改正前民法233条2項については，実質的な変更はない（民法233④＊）。

(4) 継続的給付を受けるための設備の設置権等

i 導管等の設置権・接続権の制度の創設

他の土地に囲まれて電気・ガス・上下水道等，**日常生活に必要な継続的供給**を受けることができない土地の所有者に認められる権利として，これらの継続的供給を行うための**導管等の設置権**または**既存の導管等への接続権**の制度の創設が検討されてきた。いわゆる導管袋地の所有者のための設備の設置権または接続権である。改正法はこれを，民法第2編物権・第3章所有権・第1節所有権の限界・第2款相隣関係の規定の中で，公道に至るための他の土地の通行権（囲繞地通行権）の規定（民法210～213）と，自然水流に対する妨害の禁止の規定（民法214）の間に，「継続的給付を受けるための設備の設置権等」として新設した（民法213の2＊，213の3＊）[29]。

すでに民法には，①囲繞地通行権（民法210～213）のほか，②高地の所有者が排水のために公の水流または下水道に至るまで低地に水を通過させる通水権（低地のために損害が最も少ない場所・方法を選ばなければならない。民法

---

29 中間試案第3.3(1)【甲案】，【乙案】②b，部会資料32・第3，部会資料46・第3参照。

220），および③土地の所有者が水を通過させるために高地または低地の所有者が設けた工作物を使用できる通水用工作物の使用権（利益を受ける割合に応じて工作物の設置・保存の費用の分担義務を負う。民法221）がある。継続的給付設備の設置権・接続権は，土地利用の需要に応じ，これら既存の制度を拡張したものである。

ⅱ　導管等の設置権・接続権の内容

土地の所有者は，他の土地に設備を設置し，または他人が所有する設備を使用しなければ「電気，ガス又は水道水の供給その他これらに類する継続的給付」を受けることができないときは，「継続的給付を受けるため必要な範囲内」で，「他の土地に設備を設置」し，または「他人が所有する設備を使用」することが認められる（民法213の2①＊）。

この継続的給付を受けるための他の土地への設備の設置または他人が所有する設備の使用の場所および方法は，他の土地または他人が所有する設備のために「損害が最も少ないもの」を選ばなければならない（民法213の2②＊）[30]。

ⅲ　導管等の設置権・接続権の行使要件

前述ⅱの継続的給付のために，他の土地に設備を設置し，または他人が所有する設備を使用する者は，「**あらかじめ**」，その「**目的，場所および方法**」を他の土地または設備の「所有者」および「他の土地を現に使用している者」に通知しなければならない（民法213の2③＊）。なお，この通知は，あくまでも継続的給付設備の設置または設備の使用について，他の土地または設備の所有者等にするものであり，設備がある土地の使用に関する通知（民法209③＊，213の2④後段＊。後述ⅳ③）とは別のものである。「あら

30　囲繞地通行権に関する民法211条1項，通水権に関する民法220条後段参照。

かじめ」の通知が困難な場合（民法209③＊参照）については規定されていない。

iv　土地の使用権

前述iiの継続的給付のために，他の土地に設備を設置し，または他人が所有する設備を使用する権利をもつ者は，当該設備を設置し，または他人が所有する当該設備を使用するために，「当該他の土地」または「当該他人が所有する設備がある土地」を使用することができる（民法213の2④前段＊）。

この土地使用権には，隣地使用権に関する規定が準用される（民法213の2④後段＊）。すなわち，①居住者の承諾がない限り，住家に立ち入ることはできない（民法209①ただし書＊）。②土地使用の日時，場所および方法は，当該土地の所有者およびこれを現に使用している者のために損害が最も少ないものを選ばなければならない（民法209②＊）。③あらかじめ，土地使用の目的，日時，場所および方法を当該土地の所有者およびこれを現に使用している者に通知しなければならない。ただし，あらかじめ通知することが困難なときは，使用開始後，遅滞なく通知すれば足りる（民法209③＊）。そして，④当該土地の所有者またはこれを現に使用している者が損害を受けたときは，償金を請求することができる（民法209④＊）。

v　償金支払義務
ア　他人の土地への設備設置者の償金支払義務

前記iiの継続的給付のために，他の土地に設備を設置する者は，その土地の損害（設備を置いた土地を継続的に使用することによって生じる損害。したがって，設備の設置に際しての土地使用による損害〔民法213の2④＊が準用する民法209④＊が定める損害〕を除く）に対し，償金を支払わなければならない。これについては，1年ごとにその償金を支払うことができる（民法213の2⑤＊）。

　なお，継続的給付設備を設置するための土地の使用に際して土地の所有者または使用者に生じた損害は，民法 213 条の 2 第 4 項＊が準用する民法 209 条 4 項＊に従って支払われる（ただちに償金支払義務を負う）。

イ　他人の設備の使用者の償金支払義務

　前記 ⅱ の継続的給付のために，他人が所有する設備を使用する者は，その設備の使用を開始するために生じた損害に対し，償金を支払わなければならない（民法 213 の 2 ⑥＊）。なお，他人の設備の使用開始後に生じる継続的な費用については，別途分担義務が生じる（後述ⅵ）。

ⅵ　他人の設備の使用者の費用分担義務

　前記 ⅱ の継続的給付のために，他人が所有する設備を使用する者は，その利益を受ける割合に応じて，その設置，改築，修繕および維持に要する費用を負担しなければならない（民法 213 の 2 ⑦＊）。

ⅶ　共有地の分割または土地の一部譲渡の場合

　共有地の分割により，他の土地に設備を設置しなければ継続的給付を受けることができない土地（いわゆる導管袋地）が生じた場合，その土地の所有者は，継続的給付を受けるため，他の分割者の所有地のみに設備を設置することができる（民法 213 条の 3 ①前段＊）。これは，共有地の分割に際し，こうした導管袋地が生じることが予想でき，その対応方法等（導管袋地を生じさせないようにするとか，生じさせてしまう場合には償金の支払等で利害を調整することを含む）を予め準備しておくことができるからである。それをせずに，分割者以外の土地所有者に設備の設置の負担をかけることを回避する趣旨である。したがって，この場合においては，土地の所有者は他の土地の損害に対し，償金を支払う義務を負わない（民法 213 の 3 ①後段＊）。

　また，土地の所有者がその土地の一部を譲り渡したことにより，導管袋

地が生じた場合にも，同様のことが当てはまる（民法213の3②＊）。

これらは，他の土地に囲まれて公道に通じない土地（袋地）の所有者が，公道に至るため，その土地を囲んでいる他の土地（囲繞地）を通行することができる場合についての民法213条1項・2項と同趣旨の規律である。

(5) 管理措置請求権または管理措置権の導入の見送り

所有者不明の場合もそうでない場合も，管理が適切にされていない土地について，新たに導入された所有者不明土地管理人および管理不全土地管理人の制度（民法264の2＊～264の14＊。後述3(3)，4(2)）と並んで，隣地が管理不全の状態にある場合に，土地所有者が自ら隣地に立ち入り，必要な措置をとることができるようにするために，管理措置権の制度の導入も検討された。これは，法的性質としては，土地所有権に基づく物権的請求権（妨害排除請求権および妨害予防請求権）の一形態に当たるものであるとも解される。その一方で，現行法は，隣地からの自然水流に対する妨害の禁止（民法214）を前提にして，水流が「天災その他避けることのできない事変により」低地で閉塞した場合，高地の所有者が「自己の費用で，水流の障害を除去するため必要な工事をすることができる」とする水流障害の除去工事権（通水権）を法定している（民法215）を設けている（ちなみに，土地の所有者が，他の土地に設けられた貯水・排水・引水用工作物の破壊または閉塞によって自己の土地に損害が及び，または及ぶおそれがある場合は，他の土地の所有者に対して当該工作物の修繕もしくは障害の除去，または必要に応じて予防工事を請求することができるにとどまる〔民法216。水流に関する工作物の修繕等請求権〕）。管理措置権は，水流障害の除去工事権をより一般化したものとして位置づけることもできる。その場合には，管理措置権に対応する一定の管理義務が隣地の所有者に存在することを想定することになると考えられる。

中間試案では，相隣関係の規律として，管理不全土地の所有者に対する

管理措置請求制度という形で提案が示され[31]，その後，パブリックコメントを経て，「権利の内容」として，(a)管理措置請求権（その中にも下記【甲案】，【乙案】の2つがある）と，(b)管理措置権（下記【丙案】）という，2通りの構成可能性が示された（引用中の下線は引用者による。以下同じ）[32]。

1　権利の内容

【甲案】<u>他の土地における土砂の崩壊，汚液の漏出若しくは悪臭の発生又は工作物若しくは竹木の倒壊その他の事由により，自己の土地に損害が及び</u>，又は及ぶおそれがある場合には，その土地の所有者は，他の土地又は工作物若しくは竹木の所有者に，その事由の原因の除去をさせ，又は予防工事をさせることができる。

【乙案】天災その他避けることのできない事変による他の土地における土砂の崩壊，汚液の漏出，悪臭の発生，工作物の倒壊又は竹木の倒壊その他の事由により，自己の土地に損害が及び，又は及ぶおそれがある場合であっても，その土地の所有者は，他の土地又は工作物若しくは竹木の所有者に，その事由の原因の除去をさせ，又は予防工事をさせることができる。

【丙案】天災その他避けることのできない事変による他の土地における土砂の崩壊，汚液の漏出，悪臭の発生，工作物の倒壊又は竹木の倒壊その他の事由により，自己の土地に損害が及び，又は及ぶおそれがある場合には，その<u>土地の所有者は，自らその事由の原因の除去又は予防工事をすることができる。</u>

（注1）管理措置請求権が認められる要件に関して，基本的には，現行法における土地所有権に基づく妨害排除請求権又は妨害予防請求権の要件と同程度の所有権侵害が必要であることを前提としている。

（注2）本文の案とは別に，甲案の要件を満たす場合に，その土地の所有者は，自らその事由の原因の除去又は予防工事をすることができるとする考え

31　中間試案第3.4。
32　部会第17回会議，部会資料39・第1.1。

方もある。

また，「現に使用されていない土地における特則」として，前記「1　権利の内容」についての【甲案】または【乙案】をとる場合を前提に，以下のような規律の創設が検討された[33]。

　2　現に使用されていない土地における特則（本文1で甲案又は乙案をとる場合）

　①　現に使用されていない他の土地における前記1甲案又は乙案に規定する事由により，自己の土地に損害が及び，又は及ぶおそれがある場合において，次に掲げるときは，その土地の所有者は，その事由の原因を除去し，又は予防工事をすることができる。除去又は予防工事の方法は，前記1甲案又は乙案に規定する土地所有者のために必要であり，かつ，他の土地又は工作物若しくは竹木のために損害が最も少ないものを選ばなければならない。

　a　他の土地又は工作物若しくは竹木の所有者に対して，その事由の原因の除去又は予防工事をすべき旨を通知したにもかかわらず，相当の期間内に異議がないとき。

　b　他の土地又は工作物若しくは竹木の所有者を知ることができず，又はその所在を知ることができない場合において，その事由の原因の除去又は予防工事をすべき旨の公告をしたにもかかわらず，相当の期間内に異議がないとき。

　c　急迫の事情があるとき。

　②　①bの公告は，官報に掲載してする。

さらに，管理措置請求に際して生じる「費用」の負担についても，以下のような提案が行われた[34]。

33　部会資料39・第1.2。
34　部会資料39・第1.3。下記引用文中の下線は，筆者が付したものである。

3　費用

【甲案】前記1又は2の工事の費用については，他の土地又は工作物若しくは竹木の所有者の負担とする。ただし，その事由が天災その他避けることのできない事変によって生じた，又は生じるおそれがある場合において，その事変，その工事によって土地の所有者が受ける利益の程度，前記1の事由の発生に関して土地の所有者に責めに帰すべき事由がある場合にはその事由その他の事情を考慮して，他の土地又は工作物若しくは竹木の所有者の負担とすることが不相当と認められるときは，他の土地又は工作物若しくは竹木の所有者は，土地の所有者に対し，その減免を求めることができる。

【乙案】前記1又は2の工事の費用については，土地の所有者と他の土地又は工作物若しくは竹木の所有者が等しい割合で負担する。ただし，土地の所有者又は他の土地又は工作物若しくは竹木の所有者に責めに帰すべき事由があるときは，責めに帰すべき事由がある者の負担とする。

　（注）本文1の乙案及び丙案は，天災その他避けることのできない事変による侵害の場面に限ってその適用を認めるものであるから，本文3の甲案については，ただし書のみの規律（甲案本文の規律を設けない）となる。また，本文3の乙案については，一律に本文のみの規律（乙案ただし書の規律を設けない）とする考え方や，ただし書を帰責事由のみならず，天災その他避けることのできない事変，土地の所有者が受ける利益の程度その他の事情を考慮して負担割合を調整可能とする規律とする考え方もある。

　以上のような管理措置請求権または管理措置権に関する提案は，「（天災その他避けることのできない事変による）他の土地における土砂の崩壊，汚液の漏出，悪臭の発生，工作物の倒壊又は竹木の倒壊その他の事由により，自己の土地に損害が及び，又は及ぶおそれがある場合」について，物権的請求権に関する解釈論として，判例法理でも明確になっていない権利内容，費用負担等の部分を，立法によって補完する面をもつ。現行法上は，前述

のように管理措置権に当たるものとして，自然水流の障害の除去権（通水権。民法 215），管理措置請求権に当たるものとして，水流に関する工作物の修繕等請求権（民法 216），それらの費用負担に関する規律（民法 217）がある。これらの規定の要件・効果を踏まえ，今日の必要性に応じて，それらをどのように拡充すべきかが問題になっている。

　しかし，その後，法制審議会民法・不動産登記法部会第 20 回会議で，「他の土地【又は他の土地上の工作物若しくは竹木】に瑕疵がある場合において，その瑕疵により自己の土地に損害が及び，又は及ぶおそれがあるときは，その土地の所有者は，他の土地に立ち入り，損害の発生を防止するため必要な工事をすることができる。」という形の【甲案】と，「管理措置請求制度に関する新たな規律は設けない。」とする【乙案】が提示され[35]，この【甲案】をベースに，同第 22 回会議では「他の土地等の瑕疵に対する工事（いわゆる管理措置）」として，以下のような提案にまとめられた[36]。

　　① 　土地の所有者は，他の土地又は他の土地の工作物若しくは竹木（②において「他の土地等」という。）に瑕疵がある場合において，その瑕疵により自己の土地に損害が及び，又は及ぶおそれがあるときは，当該他の土地に立ち入り，損害の発生を防止するため必要な工事をすることができる。

　　② 　①の規律により他の土地に立ち入り，損害の発生を防止するために必要な工事をしようとする者は，あらかじめ，その旨を他の土地等の所有者及び他の土地等を現に使用している者に通知しなければならない。ただし，あらかじめ他の土地等の所有者に通知することが困難なときは，立入り又は工事を開始した後，遅滞なく，通知することをもって足りる。

35　部会資料 49・1-5 頁。
36　部会資料 52・3-4 頁。

　その後，同第 24 回会議では，前記②の下線「その旨」を「その目的，場所及び方法」とする等の修正が加えられた[37]。

　しかしながら，同第 25 回会議で，「他の土地等の瑕疵に対する工事に関する新たな規律は，設けないこととする。」ことが提案された。理由は，①一方で，立法により，土地所有者がもつ隣地の瑕疵に対する工事に関する権利の要件・効果を絞ることが，物権的請求権に関する解釈や運用をかえって狭めるおそれがあること，②他方で，物権的請求権のほか，不法行為に基づく損害賠償請求権，新設された所有者不明土地管理制度，管理不全土地管理制度等の活用による対応が可能であること，③土地所有者が土地に対する急迫の危険を避けるためにやむをえず他の土地等で緊急的に工事を行った場合は，緊急避難や正当防衛により違法性が阻却されうることなどによる[38]。

　もっとも，隣地における土砂の崩壊，工作物や樹木の倒壊等やその危険により，土地の所有者に損害が及び，または及ぶおそれがある事態の発生は，けっして珍しくないものである。所有者不明土地の増加とともに，そうした事態に迅速かつ適切に対処するための具体的な法的手段，その行使方法，そして，とりわけ費用負担に関するルールの明確化は，依然として喫緊の課題である。引き続き検討を要する問題である。

37　部会資料 56・5 頁。
38　部会資料 59・5 頁。なお，部会資料 62-2・1 頁も参照。

2　共有物の使用・管理・変更・分割に関する規定の改正

(1)　共有物の使用

　民法における共有規定の改正は，共有物の使用・管理・変更一般に関する規律の修正にも踏み込んでいる。これは所有者（共有者を含む）不明土地問題への対応を超える内容を含むものであり，法理上も重要な意味をもつ。

　まず，共有物の使用について，重要な改正が行われた。すなわち，共有物を使用する共有者は，「**別段の合意**」がある場合を除き，他の共有者に対し，自己の持分を超える使用の対価を償還する義務を負うことが明確にされた（民法249②＊）。したがって，共有者間の合意を得ずに，共有物を使用する共有者は，他の共有者に対し，自己の持分を超える使用の対価について，それを償還する義務を負う。自己の持分を超える使用に関しては，共有者間の合意または決定（少なくとも，管理に関して必要な持分の過半数による決定。民法252①＊）がない限り，共有物を使用する共有者の不当利得になると解されるからである。また，共有者は，共有物について，善良な管理者の注意をもって使用しなければならない（民法249③＊）。

　また，後述するように，共有物の管理に関しては，各共有者の持分の価格に従い，その過半数で決定される（民法252①前段＊。後述(2)参照）。そして，このことは「共有物を使用する共有者」に対しても妥当することが明らかにされた（民法252①後段＊。後述(2) i 参照）。したがって，共有者間の合意または決定によらずに現に共有物を使用する共有者に対しては，他の共有者は持分の価格に従った過半数の決定により，明渡しを求めることができるものと解される[39]。この改正規定は，重要な意味をもつ。

39　この点に関しては，後述(2)も参照。

　例えば，土地 a の共有者 A_1・A_2・A_3（持分割合は各3分の1）のうち，A_1 が，共有地 a を誰も使っていなかったことから，A_2・A_3 の同意を得ることなしに使い始めたとする。一方，A_2・A_3 は共有地 a を B に2年間賃貸することを合意し，A_1 にその明渡しを求めたとする。A_1 は，自分には共有地 a 全部につき使用権がある（民法249①）と主張することが考えられる。これに対し，A_2・A_3 は，何らの合意または必要な決定なしに共有地 a を使用する A_1 に対し，その持分を超える使用の対価の償還を請求する（民法249②*）とともに，共有地 a の明渡しを請求することができる（民法252①後段*）。これらの新規定は，共有物の管理の一環として，共有者による共有物の使用についても，共有者間の合意または必要な決定（管理に関する決定。民法252①*）に基づいて行うべき原理（合意の重視）を確認したものと考えられる[40]。

⑵　共有物の管理

ⅰ　持分の過半数による決定とその意味

　共有物の管理・変更についても，重要な改正が行われた[41]。すなわち，共有物の「管理」に関する事項（民法252の2①*に規定する「共有物の管理者」の選任・解任を含む。また，共有物に民法251①に規定する変更を加えるものを除く）は，各共有者の持分の価格に従い，その過半数で決する（民法252①前段*）。この点は，文言の修正を除き，従来通りである。

　しかし，この持分の過半数による共有物の管理に関する決定は，「共有物を使用する共有者があるときも，同様とする」との規定が設けられた（民法252①後段*）。この点の確認は重要である。

　判例は，共有物を現に使用する共有者に対し，他の共有者が当該共有物，

40　松尾 2018a: 206-234 頁。
41　中間試案第Ⅰ部第1，部会資料 40，41，47 参照。

例えば，共有不動産の明渡しを請求するためには，「明渡を求める理由を主張し立証しなければならない」と解してきた（最判昭和41年5月19日民集20巻5号947頁）。もっとも，どのような事情が明渡しを求める理由になりうるのかは，必ずしも明確ではなかった。例えば，(a)共有者間で共有不動産を当面は誰も使用しないという合意があったにもかかわらず，その合意に反して，当該共有者が使用している，という事情がなければならないのか，あるいは(b)当該共有者が他の共有者の同意なしに使用しているということで足りるのかである。しかし，改正民法252条1項後段＊により，各共有者は，現に共有物を使用する共有者が，共有者の持分の価格に従った過半数の同意によらずに使用していることさえ主張・立証すれば，あるいは持分価格の過半数による決定があったことを主張・立証して請求すれば，共有物の明渡しを請求することができるものと解される。

　これは，共有者間の決定によらずに共有物を使用し始めた共有者の「早い者勝ち」を許すべきではなく，合意によらずに共有物を使用する共有者を持分価格の過半数の決定によって排除しうる旨の規律であり，共有物の管理に関しても，共有ルールに従った共有者間の決定ないし合意を重視する方向性を示すものと解される[42]。

　したがって，いったんは共有者の持分価格の過半数の決定に基づいて共有物の使用を始めた者に対し，改めて共有者の持分価格の過半数の決定によってその管理方法を変更する旨の決定を行い，共有物の管理方法を更新することが可能である。ただし，それが「**共有者間の決定に基づいて共有物を使用する**」共有者に「**特別の影響**」を及ぼすときは，その者の承諾を得なければならない。このようにして，管理方法の変更が共有物を使用する共有者にもたらす不利益を調整している（民法252③＊）。

42　部会資料27・4-5頁，松尾2018a: 209-215頁参照。もっとも，共有物の管理に関する事項を共有者間で決定する際に，共有者のうち持分の過半数をもつ者の決定があれば，他の持分権者との協議なしに決定できるか，少数持分権者とも協議する必要があるかは，見解が分かれる。藤巻2020: 29頁参照。

　例えば，土地 a の共有者 A_1・A_2・A_3（持分割合は各 3 分の 1）が全員の合意または持分の過半数により，土地 a を A_1 が 2 年間無償で使用することに決定したとする。その後，A_2・A_3 が，A_1 の使用期間満了後は，土地 a を B に賃貸することに合意したとする。この場合，当初の 2 年間，A_1 は無償で使用を継続することができ，この間 A_1 は共有地 a の管理に関する決定ないし合意による権原に基づいて占有するものであるから，A_1 はその持分を超える分の利益を A_2・A_3 に償還する必要はない（民法 249 ②＊）。2 年間経過後は，たとえ A_1 が使用の継続を希望するとしても，A_2・A_3 の合意（持分価格の 3 分の 2）により，A_1 は明け渡す義務を負い，B が賃借することができる。

　これに対し，同じく全員の合意または持分の過半数による決定によって A_1 が土地 a の使用を開始してから 1 年経過後，A_2・A_3 が土地 a を B に 2 年間賃貸したいと考えたときは，「共有者間の決定に基づいて共有物を使用する共有者〔A_1〕に特別の影響を及ぼすべきとき」（民法 252 ③＊）に当たるものとして，A_1 の承諾がなければ，A_1 に土地 a を明け渡させ，B に使用させることはできないであろうか。A_1 にどのような事情があれば，「特別の影響」と認められるか，解釈論を整理する必要がある。

　これについては，対象となる共有物の性質および種類に応じ，共有物の管理に関する事項の決定を変更する必要性および合理性と，共有物を使用している共有者に生じる不利益を利益衡量的に考慮して，具体的事案ごとに柔軟に判断することが想定されている[43]。この「特別の影響」の例として，共有者の決定によって土地を使用する共有者が建物を建築して使用している場合において使用者を変更する共有者の決定，共有者の決定によって土地を使用する共有者のために定めた使用期間を極端に短縮する（例えば 30 年を 5 年に短縮する）共有者の決定，建物の共有者の決定によって建物

43　中間試案補足説明 5 頁，部会資料 40・3 頁。批判的見解として，伊藤 2020a: 91 頁参照。

を使用する者が店舗目的で使用することを認め，それによって生計を立てている場合において，使用目的を住居専用とする決定等，比較的著しい決定内容の変更が想定されている[44]。

　なお，土地 a を A_1・A_2・A_3 が共有する前に，これを所有していた P が A_1 に使用貸借し，その後に P が死亡して A_1・A_2・A_3 が土地 a を共同相続した場合（持分は各人 3 分の 1）は，A_2・A_3 はこれを A_1 に使用貸借させる債務を承継するものと解される。これは，共有持分の価格の過半数による決定に基づくものではないから，A_2・A_3 が土地 a を B に賃貸することを決定したとしても，A_1 に明渡請求をすることはできず，A_1 の使用借権は使用貸借の終了事由（民法 597，598）によって終了するものと考えられる（最判平成 8 年 12 月 17 日民集 50 巻 10 号 2778 頁参照）。これは，民法 252 条 3 項＊の「特別の影響」とは別問題である。

　ちなみに，①区分所有法は，「共用部分の変更（その形状又は効用の著しい変更を伴わないものを除く。）は，区分所有者及び議決権の各 4 分の 3 以上の多数による集会の決議で決する。ただし，この区分所有者の定数は，規約でその過半数まで減ずることができる」（区所法 17 ①）として，民法の一般原則である全共有者の同意原則（民法 251）を修正しつつ，「前項の場合において，共用部分の変更が専有部分の使用に特別の影響を及ぼすべきときは，その専有部分の所有者の承諾を得なければならない」（区所法 17 ②）としている。共有者の数および持分の多数者に立法によって付与した権限につき，共有者の数および持分の少数者の利益を保護するための例外則として，解釈上参考にすることも考えられる。また，②区分所有法は，より一般的な場面で，「規約の設定，変更又は廃止は，区分所有者及び議決権の各 4 分の 3 以上の多数による集会の決議によつてする」ことを原則としつつ（区所法 31 ①前段），「この場合において，規約の設定，変更又は廃止

44　部会資料 40・3-4 頁。なお，荒井 2021: 64-65 頁も参照。

が一部の区分所有者の権利に特別の影響を及ぼすべきときは，その承諾を得なければならない」(区所法31①後段) とも規定している[45]。もっとも，②は共有物の利用・管理をめぐる共有者間の決定に関するルールというコンテクストをさらに越える問題である。

　この「特別の影響」の解釈に際しては，まず，共有者間の当初の決定自体の解釈を行う余地がある。(ⅰ)もしそれが共有者全員一致の合意により，共有者の1人が2年間使用する権利を保障する趣旨であったとすれば，その期間中に，例えば1年経過後に，持分の過半数の決定によって使用権の内容を変更することは，たとえ決定内容の著しい変更といえなくとも，使用中の共有者の承諾なしには，できないものと解される。他方，(ⅱ)共有者の持分の過半数により，共有者の1人に2年間使用させることを決定したが，それが共有者の持分の過半数の決定によって途中で変更される可能性があるという趣旨であり，かかる理解の下で当該共有者が使用していたときは，1年経過後に持分の過半数による決定で返還を求められたときは，原則として，返還しなければならないものと解される。ただし，その場合でも，変更決定によって「特別の影響」が生じることを主張・立証することにより，当初の決定の範囲内で，返還を拒むことができると解すべきであろう[46]。

ⅱ　共有物への使用・収益権の設定に関する新規定

　改正民法は，共有物の管理の一形態として，共有者は前述した民法252条1項・2項・3項＊に従い，共有物に「賃借権その他の使用及び収益を目的とする権利」(賃借権等) を，以下の期間を超えない範囲で，設定することができる旨の規定を設けた (民法252④＊)。

45　部会資料3・3–4頁，藤巻2020: 29頁参照。
46　民法252条3項＊の適用範囲は，本文(ⅰ)のような場合を除く等，限定的に解釈する余地があると思われる。それを踏まえて「特別の影響」について利益衡量的に判断されうる。

① 樹木の栽植または伐採を目的とする山林の賃借権等は 10 年。

② ①以外の土地の賃借権等は 5 年。

③ 建物の賃借権等は 3 年。

④ 動産の賃借権等は 6 か月。

　これは，短期賃貸借（民法602）の設定は，共有者全員の合意によって根拠づけられる共有物全部の処分権限によらなくとも，管理権限の範囲内で可能な行為として，従来から改正前民法 252 条本文および 602 条の解釈として認められていたことを，明文化したものである[47]。

　民法 252 条 4 項＊に基づく賃借権等には，条文上民法 252 条 3 項＊も適用されるが，後者は「共有者間の決定に基づいて共有物を使用する共有者」に適用される。第三者に設定された賃借権等を共有者の過半数の決定で一方的に変更することはできないと解される。なお，前者の規定に従い，共有者の持分価格の過半数の同意により，共有物を第三者に賃貸した場合，賃貸に反対した共有者と第三者（賃借人）との関係はどうなるであろうか。

　例えば，土地 a の共有者 A_1・A_2・A_3（持分割合は各 3 分の 1）のうち，A_1 と A_2 の合意により，土地 a を駐車場として使用する目的で B に 2 年間，1 か月賃料 6 万円で賃貸した場合，A_3 と B との法律関係はどうなるであろうか。仮に A_3 はこの賃貸に反対していたとする。

　これについては，(a)賃貸借契約は A_1・A_2 と B との間でのみ成立し，B は A_1・A_2 に毎月 6 万円を支払う一方，A_3 は A_1・A_2 各自に対し，持分価格に従い，不当利得として毎月 1 万円相当の価額を償還請求することができる（民法249②＊）とも考えられる。その一方で，B は A_3 に対しては，なんら使用・収益請求権をもたないことになる[48]。

47　部会資料 3・5-8 頁，部会資料 27・6-7 頁。

　もっとも，(b)共有物の管理に関する規定（民法252④＊）に従い，A₁・A₂がBと賃貸借契約を締結した場合，それはA₁・A₂・A₃が共有する土地を目的物とするものであり，A₁・A₂は，たとえA₃が反対したとしても，共有物をBに所定の期間内は賃貸する権限をもつことから，その範囲でA₃もこの賃貸借の共同貸主となり，Bに対して共有物を使用・収益させる債務を負うという解釈もできるであろうか。そのように解しないと，A₃はBに対する関係で共有物を使用・収益させる債務を負担しない一方で，賃料相当額は，A₁・A₂に対する不当利得返還請求（償還請求）という形で，実質的に賃料に当たるものとして収受できることになり，バランスを欠くとともに，法律関係を複雑にするようにも思われる。少なくとも，A₃がA₁・A₂に対する賃料相当額の支払を請求することは，A₁・A₂によるBへの賃貸を明示的または黙示的に追認したものと解され，A₃との間にも賃貸借契約の効力が遡及的に発生する（民法116参照）とみる余地があるように思われる。

　民法252条4項＊に基づく共有物に対する賃借権等の使用・収益権の設定という管理方法の決定の効力が，その決定に賛成しなかった他の共有者に及ぼす影響に関するこの問題は，①一般的に，民法252条1項前段に基づく共有物の管理方法の決定の効力が，その決定に賛成しなかった共有者にどのように及ぶか，また，②民法252条2項＊に基づく管理方法の決定が，その意思決定に参加しなかった不明共有者（同項[1]＊）および催告期間内に賛否を明らかにしなかった共有者（同項[2]＊）にどのような効力を及ぼすかという問題にも通じるものである。

48　この考え方によれば，例えば，A₁・A₂・A₃が各3分の1の持分で土地αを共有している場合において，A₁・A₂は建物所有目的でBに土地αを賃貸すること（借地権の設定。借地借家法2[1]）に賛成したが，A₃が異議を述べたときは，借地権（その最低存続期間は30年。借地借家法3）を設定することはできない（民法252④[1]，[2]＊）。この場合，A₁・A₂とBとの間では賃貸借契約が有効に成立しているが，A₃が引渡しを拒絶すれば，当該契約は履行不能（債務不履行）となり，BはA₁・A₂に対し，賃貸借契約を解除することができる（民法542①[1]）。また，借地権を設定できなかったことによってBに損害が生じた場合，BはA₁・A₂に対して損害賠償を請求できる（民法415）。部会資料40・4-5頁参照。

iii 共有物の保存行為

各共有者は，民法 252 条 1 項〜 4 項＊の規定にかかわらず，各自単独で共有物の保存行為をすることができる（民法 252 ⑤＊）。これは，改正前民法 252 条ただし書の規律を踏襲するものである。

iv 所在等不明共有者または賛否を明らかにしない共有者がいる場合の管理

ア 所在等不明共有者がいる場合

改正民法は，特定不能または所在不明の共有者（**所在等不明共有者**）がいる場合，および管理に関する催告に応じない共有者がいる場合に，他の共有者の持分の過半数による管理を認める裁判の制度を導入した。

所有者不明土地の多くの場合が，土地の共有者の全部または一部が不明の場合である。これは，所有者不明土地が発生する主な原因が，相続の発生に伴い，相続登記がされず，遺産分割もされないまま，共同相続人による共有状態が継続する間に，共有者の所在や特定が困難になっていることによるからである。この事態は，その相続人が死亡してさらに共同相続（第 2 次相続）が発生することにより，一層深刻なものとなる[49]。

そこで，共有者の一部が所在等不明の場合においても，共有物の利用および管理を円滑かつ適正に行うための制度改革が行われた[50]。

共有物の管理について，裁判所は，①共有者が他の共有者を知ることができず（共有者の特定不能）または②共有者が他の共有者の所在を知ることができないとき（共有者の所在不明）は，これら所在等不明共有者以外の共有者の請求により，当該所在等不明共有者以外の共有者の持分の価格に従い[51]，その過半数により，共有物の管理に関する事項を決定することができる旨の裁判をすることができる（民法 252 ②［1］＊）。

---

49 吉原 2017: 9-14 頁参照。
50 中間試案 1.1 (3)，部会資料 41 第 1.2。
51 その際，共有物の管理に関する事項の決定に必要な持分の最小限度についての規定は設けられなかった。

　この申立てを受けた裁判所は，**所在等不明共有者**に対し，①当該共有物について民法 252 条 2 項 1 号＊の裁判の申立てがあったこと，②この裁判をすることについて異議があるときは，一定の期間内（1 か月を下ってはならない）にその旨の届出をすべきこと，③その届出がないときは，裁判がされることを「**公告**」し，かつ前記②で定めた期間が経過した後でなければ，裁判をすることができない（非訟法 85 ②＊）。この裁判は確定によって効力を生じ（非訟法 85 ⑤＊），所在等不明共有者に告知する必要はない（非訟法 85 ⑥＊）。

イ　管理に関する賛否を明らかにしない共有者がある場合

　共有者が他の共有者に対し，相当の期間を定めて共有物の管理に関する事項を決することについて賛否を明らかにすべき旨を催告した場合において，当該他の共有者がその期間内に賛否を明らかにしないときも，裁判所は，当該賛否を明らかにしない共有者以外の共有者の持分の価格に従い，その過半数により，共有物の管理に関する事項を決定することができる旨の裁判をすることができる（民法 252 ②［2］＊）。その際，裁判所は，**賛否を明らかにしない共有者**に対し，①民法 252 条 2 項 2 号＊の裁判の申立てがあったこと，②裁判所に対して一定の期間内（1 か月を下ってはならない）に共有物の管理に関する事項を決することについて賛否を明らかにすべきこと，③その期間内に賛否を明らかにしないときは，裁判がされることを「**通知**」し，かつ前記②で定めた期間が経過した後でなければ，裁判をすることができない（非訟法 85 ③＊）。前記②で定めた期間内に，通知を受けた共有者が裁判所に対して賛否を明らかにしたときは，裁判をすることができない（非訟法 85 ④＊）。この裁判は確定によって効力を生じ（非訟法 85 ⑤＊），賛否を明らかにしない共有者に告知が行われる（非訟法 85 ⑥＊参照）。

　ウ　所在等不明共有者または賛否を明らかにしない共有者以外の共有者の
　　持分の過半数による決定の効力

　前記ア・イいずれの場合についても，その決定が，「共有者間の決定」
に基づいて共有物を使用する共有者に「特別の影響」を及ぼすべきときは，
その共有者の承諾を得なければならない（民法252③＊。前述ⅰ参照）。

　例えば，共有者の持分の過半数の決定によって共有地の使用貸借を認め
られた共有者が，その使用を継続中であり，使用貸借の存続期間の満了や
目的達成等の終了原因もない場合等が考えられる。このような場合に，共
有物の管理方法を変更することは，当初の「共有者間の決定」に反するこ
とになるからである。

　前記ア・イの法改正は，所在等不明共有者，または賛否を明らかにしな
い共有者の持分権の効力を制限することになる。それを正当化する根拠と
して，共有地の場合は，改正土地基本法が提示する土地所有者等の責務
（土地基本法1，6）を考慮に入れることができる。

　このように，改正民法252条＊は，共有者不明土地の利用・管理を円
滑にすることに資しうる。しかし，それは，共有地に限らず，不動産・動
産を含む共有物一般に妥当する規律であることに留意する必要がある。

ⅴ　共有物の管理者

　共有者は，共有物の管理行為の一環として，持分価格の過半数の合意に
より，共有物の管理者を選任および解任することができる（民法252①括弧
書＊）。

　選任された共有物の管理者は，共有物の管理に関する行為をすることが
できる（民法252の2①本文＊）。ただし，共有物に変更（その形状または効用
の著しい変更を伴わないものを除く）を加えるには，共有者全員の同意を得な
ければならない（民法252の2①ただし書＊）。

　しかし，共有物の管理者が，共有者を知ることができず，またはその所

在を知ることができないときは，裁判所は，共有物の管理者の請求により，当該**所在不明共有者**以外の共有者の同意を得て共有物に変更を加えることができる旨の裁判をすることができる（民法252の2②＊）[52]。

　なお，共有者が共有物の管理に関する事項を決した場合は，共有物の管理者は，この決定に従い，その職務を行わなければならない（民法252の2③＊）。そして，この決定に違反して，共有物の管理者が行った行為は，共有者に対してはその効力を生じない（民法252の2④本文＊）。ただし，共有者は，このことを「**善意の第三者**」に対抗することができない（民法252の2④ただし書＊）。

(3)　共有物の変更

ⅰ　「変更」の意義

　各共有者は，他の共有者の同意を得なければ，共有物に変更を加えることができない（共有物の変更には共有者全員の同意が必要である）という原則は，改正前と変わりない。もっとも，具体的にどのような行為が変更に当たり，どのような行為がそれに当たらないか，実際には判断に迷う場合も少なくない。そこで，改正民法は，この「変更」は，共有物の「形状又は効用の著しい変更を伴わないもの」を含まないことを明確にした（民法251①＊）。これにより，共有物の些細な変更等，その形状または効用の「著しい変更」とはいえない程度の変更は，その具体的内容に従い，管理に関する行為として，共有者の持分価格の過半数によって行いうることが明確にされた。

52　前述ⅳア，後述(3)ⅱ参照。その具体的手続は，非訟事件手続法85条1項1号，2項，5項，6項＊による。
　　もっとも，共有物の管理者が，共有物に変更を加えるために，それに必要な共有者全員の同意（民法252の2①ただし書＊）を求めた場合において，賛否を明らかにしない共有者がある場合であっても，当該共有者以外の共有者の同意を得て共有物に変更を加えることができる旨の裁判をする制度は，設けられていない（部会資料51・10頁参照）。この場合には，特定され，かつ所在が判明している共有者が賛否を明らかにしておらず，共有者全員の同意（民法252の2①ただし書＊）があるとはいえないからである。

ii　所在等不明共有者がいる場合の変更決定の手続

　共有物の変更について，共有者が他の共有者を知ることができず（共有者の特定不能），またはその所在を知ることができない（共有者の所在不明）場合，裁判所は，共有者の請求により，当該**所在等不明共有者**以外の他の共有者全員の同意を得ることにより[53]，共有物に変更を加えることができる旨の裁判をすることができる（民法251②＊）。

　不明共有者以外の共有者全員の同意で共有物の変更をしようとする共有者は，当該共有物の所在地を管轄する地方裁判所に対し，それを認める旨の裁判の申立てを行う（非訟法85①＊）。申立てを受けた裁判所は，①当該共有物について当該裁判の申立てがあったこと，②裁判所が当該裁判をすることに異議があるときは，一定の期間（1か月を下ってはならない）内にその旨の届出をすべきこと，③その届出がないときは，当該裁判がされることを公告しなければならない。そして，②の期間内に異議の届出がないときは，当該裁判をすることができる（非訟法85②＊）。この裁判は，所在等不明共有者に告知する必要はない（非訟法85⑥＊）。

　共有者不明の場合の変更に関するこの手続は，共有物の管理者がいる場合にも妥当する。すなわち，共有者がその持分価格の過半数の合意により，「共有物の管理者」を選任した場合において（民法252①括弧書＊），共有物の管理者が，共有者を知ることができず，またはその所在を知ることができないときは，裁判所は，共有物の管理者の請求により，当該共有者以外の共有者の同意を得て共有物に変更を加えることができる旨の裁判をすることができる（民法252の2②＊。前述(2)v）。

　なお，共有物の管理の場合は，管理に関して賛否を明らかにしない共有者がいるときは，その共有者を除く他の共有者の持分の過半数の決定によって管理に関する事項を行うことができる旨の裁判を得て，これを行う

53　その際，共有物の変更に必要な持分の最小限度（例えば，持分の価格の2分の1を超える同意）についての規定は設けられなかった。部会資料41第1・2注3，5頁参照。

ことができる[54]。しかし，共有物の変更の場合は，変更に関して賛否を明らかにしない共有者がいても，その他の共有者全員の決定で変更をする旨の裁判を得ることはできない。変更の場合は，その他の管理に比べて，共有者が被る利害が大きいと考えられるからである[55]。

(4)　共有物分割請求に関する規律の見直し

ⅰ　通常共有の場合

共有物の分割は，原則として共有者間の合意に基づいて行われる（民法258①参照。**協議分割**）。しかし，共有物の分割について①「共有者間に協議が調わないとき」，または②「協議をすることができないとき」は，その分割を裁判所に請求することができる（民法258①＊。**裁判分割**）。

裁判分割の要件として，改正前民法258条1項は，前記①の協議不調の場合だけを定めていたが，改正民法はこれに同②の協議不能の場合を加えた。これは，共有者の一部の者が協議に応じないために協議をすることができないときも，裁判所に共有物の分割請求ができることを明確にする趣旨である[56]。これは，共有者が不明の場合を含む[57]。

裁判所は，共有物分割の方法として，第一次的に，①共有物の現物を分割する方法（民法258②［1］＊。**現物分割**）か，あるいは②共有者に債務を負担させて，他の共有者の持分の全部または一部を取得させる方法（民法258②［2］＊。全面的価格賠償または部分的価格賠償による分割。以下，**賠償分割**という）をとることができる。

しかし，①現物分割も，②賠償分割もすることができないとき，または分割によって共有物の価格を著しく減少させるおそれがあるときは，裁判

54　前述(2)ⅳイ参照。
55　部会資料51・10頁，前掲注52参照。
56　部会資料37・3頁。中間試案1.2(1)①参照。
57　部会資料51・14頁参照。

所は，第二次的に，③共有物の競売を命ずることができる（民法258③＊。
競売分割）。

　このように，③競売分割は，①現物分割も②賠償分割もできない場合の
補充的な分割方法である。これに対し，①現物分割と②賠償分割の間では，
どちらを先に検討すべきであるといった先後関係をつけない（同順位とす
る）趣旨である[58]。

　裁判所は，共有物分割の裁判において，当事者に対し，「金銭の支払，
物の引渡し，登記義務の履行その他の給付」を命ずることができる（民法
258④＊）。これは，賠償分割において，共有物の持分を取得する共有者が
負う金銭債務の履行を確保する方法をどうすべきかが問題とされていた点
につき，履行確保の手続的措置等に関して，遺産分割に関する規律として
の家事事件手続法196条を参考にして，規定を設けたものである[59]。した
がって，例えば，賠償分割を命じる裁判をする場合，裁判所は持分を取得
する共有者の代価支払義務と他の共有者の持分移転登記義務とを引換給付
とすることも可能であると解される[60]。また，賠償分割の裁判によって共
有持分を取得した共有者は，他の共有者の持分について登記義務の履行を
命じる確定した判決を得ることにより，持分取得の登記の単独申請（不登
法63①）をすることができるものと解される[61]。

ii 共有物の全部またはその持分が相続財産に属する場合の分割

　共有物の全部またはその持分が相続財産に属する場合において，共同相
続人間で当該共有物の全部またはその持分について遺産分割をすべきとき
は，当該共有物またはその持分について民法258条（裁判分割。前述 i ）に
よる分割をすることはできない（民法258の2①＊）。この場合は，共有物

58　部会資料37・5頁。部会資料47・1-2頁も参照。
59　部会資料37・5-6頁。
60　部会・第21回議事録29-31頁（松尾，脇村関係官）参照。
61　部会資料37・6頁参照。

分割の規律（前述ⅰ）ではなく，遺産分割の規律（民法906 ～ 914）に従うことになる。

　ただし，「共有物の持分」が相続財産に属する場合において，**相続開始時から10年**を経過したときは，民法258条による分割（前述ⅰ）をすることができる（民法258の2②本文＊）。

　しかしなお，当該共有物の持分について遺産分割の請求があった場合において，相続人が当該共有物の持分について民法258条の規定による分割をすることに**異議の申出**をしたときは，この限りでない（民法258の2②ただし書＊）。もっとも，相続人がこの異議の申出をするには，当該相続人が民法258条1項＊の規定による請求を受けた裁判所から当該請求があった旨の通知を受けた日から2か月以内に当該裁判所にしなければならない（民法258の2③＊）。

⑸　不動産共有者の一部が不明の場合における持分またはその譲渡権限の取得

ⅰ　制度趣旨

　相続登記がされないことを主な原因にして増加する所有者不明土地は[62]，その多くが共有者の全部または一部が特定不能または所在不明（以下，「共有者不明」という）の状態にある。それゆえ，土地の所有者不明状態を解消するためには，共有者不明状態を実効的に解消する制度を創設できるか否かが，実際上は重要な鍵を握ることになる。

　そこで，土地の共有者の一部に，特定不能または所在不明となっている共有者（以下，「所在等不明共有者」[63]という）がある場合に，所在等不明共有

62　所有者不明土地の発生原因については，吉原2017: 9-13頁，吉田2019: 10-13頁，40-42頁参照。

63　改正民法は，「所在等不明共有者」を「共有者が他の共有者を知ることができず，又はその所在を知ることができないとき」の「当該他の共有者」と定義した（民法262の2①＊）。

者の持分を他の共有者が取得し，またはその譲渡権限を取得して第三者に譲渡する方法が検討されてきた[64]。

これらの方法は，所在等不明共有者がいる土地について，持分を集約化する等して，共有物の利用・管理・処分の円滑化を図るという点に注目すれば，所有者不明土地の利用・管理の円滑化を図る方策としての意味をもつ[65]。これに加えて，不明共有者の持分またはその譲渡権限の取得という方法は，共有者の一部が不明の場合における所有者不明土地の解消方法としても重要な意味をもつ。

令和3年改正民法は，最終的に，共有不動産について，所在等不明共有者の持分の取得（民法262の2*）および所在等不明共有者の持分の譲渡権限の取得（民法262の3*）の制度を設けた。

さらに，これらの規定は，共有者不明不動産の所有権および使用・収益権についてのみ適用され，それ以外の動産等に対する財産権が共有または準共有されている場合には準用されないことに留意する必要がある（民法264括弧書*，262の2⑤*，262の3④*。後述iv）。

ii 共有不動産の所在等不明共有者の持分の取得

ア 所在等不明共有者の持分取得の裁判

「不動産が数人の共有に属する場合において，共有者が他の共有者を知ることができず，又はその所在を知ることができないとき」は，裁判所は，共有者の請求により，その共有者に，当該他の共有者＝「**所在等不明共有者**」の持分を取得させる旨の裁判をすることができる（民法262の2①前段*）。

もっとも，持分取得の裁判を請求する共有者が2人以上出現することも考えられる。その場合は，請求をした各共有者に，所在等不明共有者の持分を，請求をした各共有者の持分の割合で按分して，それぞれ取得させ

---

64 中間試案I.2(2)ア【甲案】・【乙案】，部会資料41・第2，第3。
65 所有者不明土地の利用・管理の円滑化を図る方策として，前述(2)，(3)，後述3，4参照。

る裁判が行われる（民法 262 の 2 ①後段＊）。

　所在等不明共有者の持分取得に係る事件は，当該裁判に係る不動産の所在地を管轄する地方裁判所の管轄に属する（非訟法 87 ①＊）。裁判所は，下記の事項を「**公告**」し，かつ同②，③および⑤に定める期間（いずれも 3 か月以上でなければならない）が経過した後でなければ，持分取得の裁判をすることができない（非訟法 87 ②［1］〜［5］＊）。

　①　所在等不明共有者の持分につき，その取得の裁判の申立てがあったこと。

　②　所在等不明共有者は，裁判所が持分取得の裁判をすることに異議があるときは，一定期間内（3 か月以上の期間が指定される）にその旨の届出をすべきこと。

　③　共有物分割または遺産分割の裁判の申立てがあった場合において，持分取得の裁判をすることに異議がある旨の届出（民法 262 の 2 ②＊，⑤＊）をするときは，一定期間内（3 か月以上の期間が指定される）にすべきこと。

　④　上記②・③の届出がないときは，持分取得の裁判がされること。

　⑤　持分取得の裁判の申立人以外の共有者が，同じく持分取得の裁判の申立てをするとき（民法 262 の 2 ①後段＊参照）は，一定期間内（3 か月以上の期間が指定される）に申立てをすべきこと[66]。

　そして，裁判所は，これらの公告をしたときは，遅滞なく，当該共有不動産の登記簿上その氏名または名称が判明している共有者に対し，その登記簿上の住所または事務所に宛てて，上記①，③〜⑤の公告事項を「**通知**」しなければならない（非訟法 87 ③＊）。

　裁判所は，所在等不明共有者の持分取得の裁判をするには，申立人に対

66　この期間が経過した後に，持分取得の裁判の申立てがされたときは，裁判所は，その申立てを却下しなければならない（非訟法 87 ⑪＊）。

し，一定期間内に，所在等不明共有者のために，**裁判所が定める額の金銭**を裁判所の指定する供託所に**供託**し，かつその旨を届け出るべきことを命じなければならない（非訟法 87 ⑤＊）。申立人がこの決定に従わないときは，その持分取得の申立てを却下しなければならない（非訟法 87 ⑧＊）。また，この決定後，持分取得の裁判までの間に，事情の変更により，定めた金額が不当であると裁判所が認めるに至ったときは，供託すべき金銭の額を変更しなければならない（非訟法 87 ⑥＊）。もっとも，供託金額の決定およびその変更の決定に対しては，即時抗告をすることができる（非訟法 87 ⑦＊）。

　持分取得の裁判は，確定しなければその効力を生じないが（非訟法 87 ⑨＊），それを所在等不明共有者に告知することは要しない（非訟法 87 条⑩＊）。

　持分取得の裁判の確定により，申立てをした共有者が所在等不明共有者の持分を取得したときは，所在等不明共有者は，その持分を取得した共有者に対し，当該共有者が取得した持分の時価相当額の支払を請求することができる（民法 262 の 2 ④＊）。

イ　共有不動産の分割請求および遺産分割請求との関係

　この持分取得の裁判は，共有不動産の分割（共有物分割または遺産分割）の裁判の請求があったときは，分割の手続に先行させることはできず，分割の裁判が優先する。所在等不明共有者の持分を含めて，共有不動産全体について適切な分割を実現することを希望する共有者がいる場合には，そうした分割請求事件の中で適切な分割をすべきであると考えられるからである[67]。

　すなわち，持分取得の裁判の請求があった共有不動産について，共有物分割の裁判の請求（民法 258 ①＊）または遺産分割の請求があり，かつ所在等不明共有者以外の共有者が，持分取得の請求がされた裁判所に，持分取

67　部会資料 51・14 頁参照。

得の裁判をすることについて異議がある旨の届出をしたときは，裁判所は，持分取得の裁判をすることができない（民法262の2②＊）。もっとも，共有物分割の方法として，一部の共有者に他の共有者の持分の全部または一部を取得させる方法（賠償分割）の規律が新設されており（民法258②[2]＊），これによることが可能である[68]。

　既述のように，持分取得の裁判の申立てを受けた裁判所は，裁判に先立ち，所定の事項の公告および通知をする際に，共有物分割または遺産分割の裁判の申立てがされた場合において，持分取得の裁判をすることに異議がある旨の届出（民法262の2②＊）をするときは，一定期間内（3か月以上の期間が指定される）にすべきことも，公告および通知する（前述ア③）。しかし，異議の届出がこの期間を経過した後にされたときは，裁判所は異議の届出を却下しなければならない（非訟法87④＊）。

ウ　所在等不明共有者の持分が相続財産に属する場合

　所在等不明共有者の持分が相続財産に属する場合であって，共同相続人間で遺産の分割をすべきときは，相続開始時から10年を経過していないときは，裁判所は，所在等不明共有者の持分取得の裁判をすることができない（民法262の2③＊）。これは，所在等不明共有者の持分が相続財産である場合に，遺産分割の手続を妨げないようにするためである[69]。

　例えば，10年以上前にAが死亡して，子のBとCが相続し，Bが5年前に死亡して，子のDとEが相続したが現在所在不明，Cが3年前に死亡して，子のFとGが相続したが，Gが現在所在不明の場合，Aの遺産に属する不動産を占有するFは，D，Eに対しては，持分取得の裁判を申し立てることができると解される。Gに対してはあと7年経たなければ，持分取得の裁判を申し立てることができない（図表Ⅱ-1参照）。

68　賠償分割については，前述(4)ⅰ参照。
69　中間試案 4.3(3)，部会資料 42・第 1.3，第 1.4 参照。

図表 II -1　相続財産に属する所在等不明共有者の持分の取得

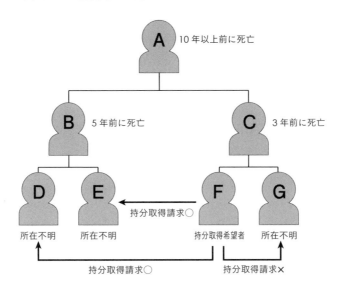

iii　共有不動産の所在等不明共有者の持分の譲渡権限の取得

ア　所在等不明共有者の持分の譲渡権限付与の裁判

　裁判所は，共有者の請求により，不動産の共有者の中に「**所在等不明共有者**」[70] がある場合において，それ以外の共有者の全員が特定の者に対してその有する持分の全部を譲渡することを停止条件として，所在等不明共有者の持分を当該特定の者に譲渡する権限を付与する旨の裁判をすることができる（民法262の3①＊）。例えば，A・B・Cの3人が土地 a を共有する場合において，Cの所在が不明のときは，Aは，C以外の共有者（＝AおよびB）がDに対して，AおよびBの持分の全部を譲渡することを停止条件として，Cの持分をDに譲渡する権限をAに付与する旨の裁判をすることができる。この場合，A・Bの持分もCの持分も，いずれもDに

70　「所在等不明共有者」の定義については，前述 i および前掲注 63 参照。

譲渡されることになるから，所在等不明共有者の持分の取得の場合（前述
ⅱア，民法262の2①後段＊）のように，AもBも権利取得を望む場合に各自
の持分に応じてそれを按分して取得させるといった規定を設ける必要はない。

　共有不動産の所在等不明共有者の持分譲渡権限の付与の裁判（民法262
の3①＊，④＊）に係る事件は，当該共有不動産の所在地を管轄する地方裁
判所の管轄に属する（非訟法88①＊）。裁判所は，以下の事項を公告し，か
つ②に定める期間（3か月以上でなければならない）が経過した後でなければ，
持分譲渡権限の付与の裁判をすることができない（非訟法88②＊，87②
[1]・[2]・[4]，87⑤〜⑩＊）。

　①　所在等不明共有者の持分につき，その譲渡権限付与の裁判の申立て
があったこと。
　②　所在等不明共有者は，裁判所が持分譲渡権限の付与の裁判をするこ
とに異議があるときは，一定期間内（3か月以上の期間が指定される）にその
旨の届出をすべきこと。
　③　前記②の届出がないときは，持分譲渡権限の付与の裁判がされるこ
と。

　裁判所は，持分譲渡権限の付与の裁判をするには，申立人に対し，一定
期間内に，所在等不明共有者のために，**裁判所が定める額の金銭**を裁判所
の指定する供託所に**供託**し，かつその旨を届け出るべきことを命じなけれ
ばならない（非訟法88②＊，87⑤＊）。申立人がこの決定に従わないときは，
その持分譲渡権限の付与の申立てを却下しなければならない（非訟法88②
＊，87⑧＊）。また，この決定後，持分譲渡権限付与の裁判までの間に，事
情の変更により，定めた金額が不当であると裁判所が認めるに至ったとき
は，供託すべき金銭の額を変更しなければならない（非訟法88②＊，87⑥
＊）。もっとも，供託金額の決定およびその変更の決定に対しては，即時

抗告をすることができる（非訟法88②＊，87⑦＊）。

　持分譲渡権限の付与の裁判は，確定しなければその効力を生じないが（非訟法88②＊，87⑨＊），それを所在等不明共有者に告知することは要しない（非訟法88②＊，87⑩＊）。

　持分譲渡権限の付与の裁判の効力が生じた後2か月以内に，その裁判によって付与された権限に基づいて所在等不明共有者の持分の譲渡の効力が生じないときは，その裁判は効力を失う。ただし，裁判所はこの期間を伸長することができる（非訟法88③＊）。

　持分譲渡権限の付与の裁判によって付与された権限に基づき，共有者が所在等不明共有者の持分を第三者に譲渡したときは，所在等不明共有者は，当該譲渡をした共有者に対し，不動産の時価相当額を所在等不明共有者の持分に応じて按分して得た額の支払を請求することができる（民法262の3③＊）。

　この共有不動産の持分譲渡権限の付与の裁判は，不動産を使用・収益する所有権以外の権利が数人の共有に属する場合について，準用される（民法262の3④＊）。

イ　所在等不明共有者の持分が相続財産に属する場合

　所在等不明共有者の持分が相続財産に属する場合であって，共同相続人間で遺産の分割をすべきときは，相続開始時から10年を経過していなければ，裁判所は，持分譲渡権限付与の裁判をすることができない（民法262の3②＊）。これは，所在等不明共有者の持分が相続財産である場合に，遺産分割の手続を妨げないようにするためである[71]。

　なお，共有不動産に対する不明共有者の持分の譲渡権限の取得は，これにより，他の共有者の全員が合意して，特定の第三者に当該共有不動産を

71　前述ⅱウ，中間試案4.3(3)，部会資料42・第1.3，第1.4参照。

譲渡するためのものであるから，不明共有者を除く全共有者の合意があることが前提になっている。したがって，不明共有者の持分の取得の場合における共有物分割請求または遺産分割請求との調整規定（民法262の2②＊）[72]は，不明共有者の持分の譲渡権限の取得の場合には設けられていない。

ⅳ　不動産の使用・収益権の準共有の場合への準用

共有不動産の所在等不明共有者の持分またはその譲渡権限の取得の裁判に関する規定は，不動産を使用または収益する権利を数人の者が準共有する場合に準用される（民法262の2⑤＊，262の3④＊）。しかし，それを超えて，動産所有権の共有の場合や，動産の使用・収益権の準共有の場合には準用されない（民法264括弧書＊）[73]。

⑹　共有規定の改正と準共有

共有に関する民法規定は，「数人で所有権以外の財産権を有する場合」にも準用される（民法264＊。準共有）。ただし，共有不動産における所在等不明共有者の持分またはその譲渡権限の取得に関する民法264の2＊および264の3＊は除くものとされている（民法264括弧書＊）。このことは，不動産の不明共有者の持分の取得・譲渡に関する改正規定（民法262の2①＊～④＊および262の3①＊～③＊）は，不動産の使用・収益権の準共有の場合についてのみ準用され（民法262の2⑤＊，262の3④＊），共有動産の所有権の持分や，動産の使用・収益権の準共有の持分の場合には準用されないことを意味している[74]。

72　前述ⅱイ参照。

73　後述⑹参照。不明共有者の持分やその譲渡権限の取得は，不明共有者の共有持分権に対する大きな制約となることから，その必要性が高いと考えられる共有者不明不動産の場合に限定することが適切であると考えられる。

74　前述⑸ⅳ参照。

3　所有者不明土地・建物の管理

⑴　所有者不明土地・建物管理制度の創設

　改正法は，民法第2編物権，第3章所有権の末尾に，第4節「所有者不明土地管理命令及び所有者不明建物管理命令」（民法264の2＊〜264の8＊）および第5節「管理不全土地管理命令及び管理不全建物管理命令」（民法264の9＊〜264の14＊）の2つの節を新設した。

　このうち，所有者不明土地・建物管理制度は，所有者が特定不能または所在不明となった土地および建物につき，所有者不明土地管理人または所有者不明建物管理人を選任し，土地・建物が所有者不明の状態にあったとしても，円滑かつ適正な管理を行うことができるようにしたものである[75]。

　所有者不明土地管理人および所有者不明建物管理人には，後述するように，管理命令の対象となった土地または建物の管理・処分権が専属し（民法264の3①＊，264の8⑤＊），裁判所の許可を得て，土地または建物を処分することもできる（民法264の3②＊，264の8⑤＊）。これは，所有者不明の土地または建物を解消する手段ともなりうる[76]。

　なお，この所有者不明土地・建物管理人の制度の先駆的な制度として，「表題部所有者不明土地の登記及び管理の適正化に関する法律」（令和元年5月24日法律15号）が定める，①特定不能土地等管理者（表適法19〜29），および②特定社団等帰属土地等管理者（表適法30）がある。これらの者の法的地位，権限，義務，報酬・費用，辞任・解任等の規定（表適法19〜30）は，後にみる所有者不明土地管理人等の法的地位，権限，義務等の規定に1つのモデルを提供している[77]。

75　管理不全土地・建物管理制度については，後に取り上げる（後述4参照）。
76　所有者不明土地の解消のための手段としては，前述2⑸も参照。
77　後藤 2020: 201-259 頁参照。

(2)　不在者財産管理制度との関係

　所有者不明土地・建物管理人による管理の制度は，特定の土地または建物が所有者不明の状態になっている場合に，①当該土地または建物の社会経済的効用を実現し，また，②それが他人に与える不利益を阻止するために，その管理人を選任し，管理を行うものである（いわゆるスポット管理）。この点で，所在不明になった不在者の財産全体について管理を行う権限をもち，義務を負う，不在者財産管理人（民法25～29）の制度とは異なる。なお，令和3年民法改正等は，不在者の財産管理人の制度についても，改正を行っている。

　すなわち，家庭裁判所が選任した不在者財産管理人は，不在者の財産の管理，処分その他の事由によって金銭が生じたときは，不在者のために，当該金銭を不在者の財産管理に関する処分を命じた裁判所の所在地を管轄する家庭裁判所の管轄区域内の供託所に供託することができるものとされた（家手法146の2①＊）[78]。そして，家庭裁判所は，不在者が財産を管理することができるようになったとき，管理すべき財産がなくなったとき，その他財産の管理を継続することが相当でなくなったときは，不在者，管理人もしくは利害関係人の申立てにより，または職権で，不在者管理人の選任，その他の不在者の財産の管理に関する処分の取消しの審判をしなければならないが，この「管理すべき財産がなくなったとき」には，家庭裁判所が選任した不在者財産管理人が，管理すべき財産の全部を供託したときを含むものとされた（家手法147＊）[79]。

　このほか，①家庭裁判所が不在者財産管理人を選任する際に，その職務内容（不在者財産管理人の権限内容を含む）をあらかじめ定めることができる

---

[78]　不在者財産管理人がこの供託をしたときは，法務省令の定めに従い，その旨その他法務省令で定める事項を公告しなければならない（家手法146の2②＊）。
[79]　令和3年民法等の一部改正法による。

とする旨の規律，②不在者財産管理人の選任の申立権者の範囲に関する規律，③特定の行為について不在者管理人と不在者との間で，または複数の不在者の間で利益が相反する場合に，不在者財産管理人が当該行為をすることは認められないことを前提とする規律等についても，新設することが検討されたが，設けられないことになった[80]。

(3) 所有者不明土地の管理

i 所有者不明土地管理命令と所有者不明土地管理人の選任

裁判所は，所有者を知ることができず，またはその所在を知ることができない土地（土地が共有の場合は，共有者を知ることができず，またはその所在を知ることができない土地の共有持分）について[81]，必要があると認めるときは，利害関係人の申立てにより，当該申立てに係る土地または共有持分を対象として，「所有者不明土地管理人」による管理を命ずる処分（所有者不明土地管理命令）をすることができる（民法264の2①＊）。その際，管轄裁判所は，申立てに係る不動産の所在地を管轄する地方裁判所となる（非訟法90①＊）。また，「国の行政機関の長又は地方公共団体の長」（国の行政機関の長等）も，「所有者不明土地につき，その適切な管理のため特に必要があると認めるとき」は，所有者不明土地管理命令を地方裁判所に申し立てることができる[82]。

80　中間試案第 2.3，部会資料 34・1-4 頁参照。
81　「所有者不明土地」の意味，判断方法に関し，前述 1 1 (1)参照。
82　令和 3 年民法等改正に伴い，所有者不明土地利用円滑化法 38 条も改正され，「国の行政機関の長等は，所有者不明土地につき，その適切な管理のため特に必要があると認めるときは，地方裁判所に対し，民法第 264 条の 2 第 1 項の規定による命令〔所有者不明土地管理命令〕の請求をすることができる」（所円法 38 ②＊）との規定が新設された。なお，同法改正前 38 条は「国の行政機関の長又は地方公共団体の長（<u>次項及び次条第 5 項</u>において「国の行政機関の長等」という。）は，所有者不明土地につき，その適切な管理のため特に必要があると認めるときは，家庭裁判所に対し，民法（明治 29 年法律第 89 号）第 25 条第 1 項の規定による命令又は同法第 952 条第 1 項の規定による相続財産の<u>清算人</u>の選任の請求をすることができる」（所円法 38 ①＊）と改正された。また，所有者不明土地利用円滑化法第 3 章第 3 節の表題を「所有者不明土地の管理に関する民法の特例」と改めた。

　そして，裁判所が所有者不明土地管理命令をする場合は，所有者不明土地管理人を選任しなければならないものとされている（民法264の2④＊）。

　裁判所が所有者不明土地管理命令をするためには，①所有者不明土地管理命令の申立てが対象となる土地または共有持分についてあったこと，②対象となる土地の所有者または共有者は，異議があるときは，一定の期間（1か月以上の期間である必要がある）内にその旨の届出をすべきこと，および③その届出がないときは，所有者不明土地管理命令がされることを**公告**しなければならない。そして，④②の期間が経過した後に，裁判所は**所有者不明土地管理命令**を発出することができる（非訟法90②＊）。

　所有者不明土地管理命令が発出された場合，その効力は，[1]対象とされた土地のみならず，[2]その土地にある動産で，当該土地の所有者または共有持分をもつ者が所有するものに及ぶ（民法264の2②＊）。

　なお，所有者不明土地上に建物が存在する場合は，所有者不明土地命令の効力はその土地上の建物には及ばない（民法264の2②＊参照）。したがって，所有者不明土地管理人は，建物所有者が判明している場合は，土地の管理に必要な事項について，建物所有者と協議し，土地の管理・処分を行うことになるものと考えられる。一方，建物所有者が特定不能または所在不明の場合は，後述する所有者不明建物管理人の選任を申し立て，この者と土地の管理・処分に必要な事項について協議することになるものと考えられる（後述(4)ⅳ参照）[83]。

　そして，所有者不明土地管理命令がされた場合は，裁判所書記官が職権で**所有者不明土地管理命令の登記**を嘱託しなければならない（非訟法90⑥＊）。一方，所有者不明土地管理命令の裁判は，対象となる土地の所有者

83　この場合，所有者不明土地管理人が所有者不明建物管理人を兼ねることは，一律には排除されていない。所有者不明土地管理人または所有者不明建物管理人の選任に際し，利益相反の状況（例えば，土地所有権の登記名義人と建物所有権の登記名義人が異なり，借地権の存在が想定される等）の有無に鑑みて，裁判所によって判断されるものと解される。なお，部会資料44・1-4頁参照。

または共有者等に告知することを要しない（非訟法 90 ⑫＊）。

　所有者不明土地管理命令は，いったん発出された所有者不明土地管理命令が後に取り消された場合でも[84]，同命令の対象である土地または共有持分および同命令の効力が及ぶ動産の管理・処分，その他の事由により，所有者不明土地管理人が得た財産について，裁判所が必要であると認めるときも，発出することができる（民法 264 の 2 ③＊）。

　なお，所有者不明土地管理命令に関する規定（民法 264 の 2 ＊〜 264 の 7 ＊）は，「表題部所有者不明土地の登記及び管理の適正化に関する法律」（令和元年法律 15 号）が定める①「所有者等特定不能土地」（表適法 2 ③）および②「特定社団等帰属土地」（表適法 2 ④）には適用されない（表適法 32 ①＊）。なぜなら，これらの土地については，裁判所が，利害関係人の申立てにより，①表題部所有者不明土地管理者（表適法 19，20）または②特定社団等帰属土地等管理者（表適法 30）を選任することができ，その管理の対象となる（表適法 21 〜 29，30 ②）からである。ただし，①表題部所有者不明土地である旨の登記（表題部所有者不明土地〔共有の場合は共有持分〕の所有者等を特定できなかった旨の登記。表適法 15 ①〔4〕イ），または②特定社団等帰属土地である旨の登記（表題部所有者不明土地の所有者等を特定できた場合であって，当該表題部所有者不明土地が法人でない社団等に属するときまたは法人でない社団等に属していたとき〔当該法人でない社団等以外の所有者等に属するときを除く〕において，表題部所有者として登記すべき者を特定できない旨の登記。表適法 15 ①〔4〕ロ）をする前に，所有者不明土地管理命令（民法 264 の 2 ①＊）がされた場合は，所有者不明土地管理人の管理権限に服する（表適法 32 ①括弧書＊）。

ⅱ　所有者不明土地管理命令の申立権者

　所有者不明土地管理命令を申し立てることができるのは，「利害関係人」

および「国の行政機関の長又は地方公共団体の長」である（前述 i ）。この
うち，**「利害関係人」**の範囲は，所有者不明土地管理制度の趣旨に照らし
て解釈される。ちなみに，不在者財産管理人の選任を申し立てることので
きる「利害関係人」の範囲については，不在者の推定相続人，債権者は含
まれるが，隣地所有者であるというだけではそれに含まれないと解されて
いる[85]。これに対し，所有者不明土地管理人の場合，それが所有者不明土
地の適正な管理に主眼があるとすれば，所有者不明土地の管理が適正でな
いことにより，被害ないし悪影響を被っている隣地所有者も利害関係人に
当たると解することができる[86]。さらに，所有者不明土地管理命令の制度
趣旨が，所有者不明土地の適正な管理にとどまらず，その利用促進や解消
にも及ぶとすれば，土地の所有権または共有持分の取得を希望する私人も，
利害関係人に当たる可能性がある[87]。

　所有者不明土地管理人の制度の具体的な活用方法としては，次のような
場面を想定することができる。

　①　所有者不明土地上の樹木が倒壊し，または倒壊の危険があるなどし
て，隣地に被害または被害の危険が生じている場合，隣地所有者が所有者
不明土地管理人の選任を求め，その者を相手に妨害排除請求または妨害予
防請求をすることが考えられる。

　②　土地の所有者またはその所在が不明で，かつ当該土地の固定資産税

85　山野目編 2018: 590 頁（岡孝）。たんなる友人，隣人，不在者の財産の買収希望者等は利害
　関係人に含まれないと解されている。

86　部会資料 43・3 頁。

87　所有者不明土地管理命令の制度趣旨が，①所有者不明土地が他人の権利ないし法益を侵害
　することを回避し，また，②その社会経済的効用を実現することにあるとすれば，所有者不
　明土地管理命令の申立権者である利害関係人の範囲も，当該趣旨に照らして解釈すべきもの
　と考えられる。部会資料 33・6 頁も参照。②の観点からは，民間の買受希望者も一律に排除
　されるわけではない。その場合，土地を購入する具体的計画をもつ者が，登記名義人の戸籍
　謄本等を取得するために，第三者請求（戸籍法 10 の 2 ①）をすることも一律に否定されるわ
　けではなく，交付請求に至った具体的事情を勘案し，慎重に判断すべきものと考えられてい
　る（部会資料 43・3 頁）。

の未納状態が続いている場合，市町村長が所有者不明土地管理人の選任を申し立て，この者を相手に公売手続を進めることも考えられる。この場合，所有者不明土地管理命令の制度は，所有者不明土地の解消手段としても機能することになる。

③　所有者不明土地を占有する者が，その時効取得を主張する場合，所有者不明土地管理人を選任し，その者を相手に当該土地の所有権確認等の訴えを提起することも考えられる。

④　所有者不明土地について，その買取等を希望する者が，所有者不明土地管理人を選任し，その者が裁判所の許可を得て，当該土地の売却等の処分をすることができる可能性も排除されていない。例えば，国の行政機関または地方公共団体の長が，公共事業のために当該土地の買収をしようとする場合のほか，所有者不明土地が所在する地域コミュニティ（地方自治法260の2による認可地縁団体または権利能力のない社団）が，当該地域コミュニティにとって必要または有益な活動のために買取を希望する場合，あるいは所有者不明土地に対して地域福利増進事業のための利用権の設定を受けた者が買取を希望する場合等が考えられるであろうか。買収希望者としては，民間企業や個人が買取りを希望する場合が問題になるが，当該土地の位置，地積，地目，従前の利用状況，所有者不明となった経緯，現在の管理状況，周辺の土地の利用状況との関係，その他の特性，および買取等の処分を希望する者の利用目的，当該土地との関わり等を考慮して，裁判所が判断することになる[88]。

iii　所有者不明土地管理人の法的地位

所有者不明土地管理命令が発出され，所有者不明土地管理人が選任された場合，①所有者不明土地管理命令の対象とされた土地または共有持分お

88　中間試案2.1(1)，部会資料33・6頁，部会資料43・3頁参照。

び②所有者不明土地管理命令の効力が及ぶ動産（前述ⅰ[1]・[2]），なら
びに③その管理・処分，その他の事由によって所有者不明土地管理人が得
た財産（管理・処分対象財産）を「管理及び処分をする権利」は，所有者不
明土地管理人に「専属」する（民法264の3①＊）[89]。このことは，所有者不
明土地管理命令により，管理・処分対象財産に対する管理・処分権が，土
地所有者から剝奪され，所有者不明土地管理人に付与されることを意味す
る。したがって，この規定は，土地所有者の財産権を法律の規定によって
制約するものといえる[90]。もっとも，所有者不明土地管理命令によってた
だちに土地所有者の所有権を奪うものではない[91]。その点で，土地収用法
に基づく土地の収用とは異なる。

　所有者不明土地管理人への管理・処分権の専属の帰結として，所有者不
明土地管理人が管理・処分権をもつ対象財産（前記①〜③）に関する訴えに
ついては，所有者不明土地管理人を原告または被告とすることになる（民
法264の4＊）[92]。

　そして，これらの管理・処分対象財産（前記①〜③）に関して，その所有
者（共有持分を有する者を含む）を当事者とする訴訟手続は，中断すること
になる。この場合，所有者不明土地管理人は，その訴訟手続を受け継ぐこと
ができる（民訴法125①＊）。他方，所有者不明土地管理命令が取り消され
たときは，所有者不明土地管理人を当事者とする管理・処分対象財産（前
記①〜③）に関する訴訟手続は，中断する。この場合は，当該財産の所有
者（共有持分を有する者を含む）が，訴訟手続を受け継がなければならない

89　中間試案2.1.(1)イ②【乙案】が採用された。
90　この規定（民法264の3①＊）は，一般的には，財産権の内容を公共の福祉に適合するよ
　　うに，法律で定めたもの（憲法29②）といえるが，より直接的には，土地所有者等が土地に
　　ついての基本理念（土地基本法2〜5）に則り，土地の利用・管理・取引を行う責務を負うこ
　　と（土地所有者等の責務）の具体化であるともいえよう。前述ⅠⅠ(1)，前掲注10および該当
　　本文参照。
91　ただし，所有者不明土地管理人は，裁判所の許可を得て，土地の売却等，管理対象財産の
　　処分をすることができるものと解される（民法264の3②柱書本文＊）。後述ⅳ参照。
92　中間試案2.1.(1)イ⑤，部会資料33・14-15，部会資料43・7-8頁参照。

（民訴法 125 ②＊）。

iv　所有者不明土地管理人の権限

　所有者不明土地管理人は，管理・処分対象財産（前述ⅲ①〜③）について，[1] 保存行為，および [2] 所有者不明土地等の性質を変えない範囲内において，その利用または改良を目的とする行為をする権限をもつ（民法 264 の 3 ②[1]＊・[2]＊）。

　そして，これら [1]・[2] の範囲を超える行為をする場合には，裁判所の許可を得なければならない（民法 264 の 3 ②柱書本文＊）[93]。例えば，所有者不明土地管理人が，管理対象財産である土地の売却をするためには，**裁判所の許可**を受けなければならない（裁判所の許可を得れば，売却することができる）。その際，裁判所は，許可の申立てを「却下する裁判」をするときは，理由を付さなければならないものとされている（非訟法 90 ⑤[2]＊）。

　所有者不明土地管理人が，裁判所の許可が必要な行為であるにもかかわらず，その許可を得ずに行為をした場合には，裁判所の許可がないことをもって「**善意の第三者**」に対抗することはできないものとされた（民法 264 の 3 ②柱書ただし書＊）[94]。

v　所有者不明土地管理人の義務

　所有者不明土地管理人は，その管理・処分対象財産（前述ⅲ①〜③）について，前述したように「専属」的な管理・処分権をもつ一方で，管理・処分対象財産の所有者およびその共有持分を有する者のために，「善良な管理者の注意」をもって，その権限を行使しなければならないものとされた（民法 264 の 5 ①＊）。

93　部会資料 43・5 頁。
94　これは，特定不能土地等管理者および特定社団等帰属土地等管理者がその権限の範囲を越えて行った行為につき，「善意の第三者」に対抗できないものとする表題部所有者不明土地法21 条 3 項，31 条 1 項・2 項と平仄を併せたものと解される。

　また，所有者不明土地管理人は，数人の者の共有持分を対象として所有者不明土地管理命令が発せられた場合は，当該所有者不明土地管理命令の対象とされた共有持分を有する者全員のために，「誠実かつ公平に」その権限を行使しなければならない（民法264の5②＊）。

　所有者不明土地管理人は，管理・処分対象財産（前述ⅲ①～③）から金銭が生じたときは，その所有者または共有持分を有する者のために，当該金銭を管理命令の対象土地（管理命令の対象が共有持分であるときは，その共有地）の所在地の供託所に供託することができる（非訟法90⑧＊）。

ⅵ　所有者不明土地管理人の費用・報酬

　所有者不明土地管理人による管理・処分対象財産の管理に必要な費用および報酬は，管理・処分対象財産の所有者およびその共有持分を有する者の負担となる（民法264の7②＊）。

　このことを前提にして，所有者不明土地管理人は，管理・処分対象財産（前述ⅲ①～③）から，裁判所が定める額の費用の前払および報酬を受けることができる（民法264の7①＊）。裁判所は，費用または報酬の額を定める裁判をする場合には，所有者不明土地管理人の陳述を聴かなければならない（非訟法90④＊）。

ⅶ　所有者不明土地管理人の辞任・解任

　所有者不明土地管理人は，「正当な事由」があるときは，裁判所の許可を得て，辞任することができる（民法264の6②＊）。その際，裁判所は，許可の申立てを「却下する裁判」をするときは，理由を付さなければならないものとされている（非訟法90⑤[2]＊）。

　一方，所有者不明土地管理人が，その任務に違反し，管理・処分対象財産（前述ⅲ①～③）に「著しい損害」を与えたこと，その他「重要な事由」があるときは，裁判所は，利害関係人の請求により，所有者不明土地管理

人を解任することができる（民法264の6①＊）。裁判所は，解任の裁判を
する場合には，所有者不明土地管理人の陳述を聴かなければならない（非
訟法90④＊）。

viii　所有者不明土地管理命令の変更・取消し

裁判所は，所有者不明土地管理命令を変更し，または取り消すことがで
きる（非訟法90⑨＊）。

①裁判所は，所有者不明土地管理人が管理すべき財産がなくなったとき
（管理すべき財産の全部が供託されたときを含む），その他財産の管理を継続する
ことが相当でなくなったときは，所有者不明土地管理人もしくは利害関係
人の申立てにより，または職権で，所有者不明土地管理命令を取り消さな
ければならない（非訟法90⑩＊）。

②裁判所は，所有者不明土地管理人の管理・処分対象財産（前述iii①〜③。
民法264の3①＊）の所有者または共有持分を有する者が，その所有権また
は共有持分が自己に帰属することを証明したときは，当該所有者または共
有持分を有する者の申立てにより，所有者不明土地管理命令を取り消さな
ければならない（非訟法90⑪前段＊）。これによって所有者不明土地管理命
令が取り消されたときは，所有者不明土地管理人は，当該所有者または共
有持分を有する者に対し，その事務の経過および結果を報告し，帰属が証
明された財産を引き渡さなければならない（非訟法90⑪後段＊）。

所有者不明土地管理命令の取消しの裁判は，事件の記録上，所有者不明
土地等の所有者およびその所在が判明している場合に限り，その所有者ま
たは共有持分を有する者に告知すれば足りるものとされている（非訟法90
⑬＊）。

⑷　所有者不明建物管理制度

ⅰ　所有者不明建物管理命令

　所有者不明土地管理命令と並んで，所有者不明建物管理命令の制度が創設された（民法 264 の 8＊）。すなわち，建物の所有者または共有者が特定不能または所在不明の場合，裁判所が必要であると認めるときは，利害関係人の請求により，当該建物または共有持分を対象として，所有者不明建物管理人による管理を命ずる処分が行われる。

　同制度の検討段階では，(a)所有者不明土地上に建物（土地と所有者を同じくするもの）が存在するときは，所有者不明土地管理命令の効力を建物にも及ぼすことも検討された。しかし，最終的には，(b)所有者不明土地管理命令とは別個に，所有者不明建物管理命令の制度が設けられることになった[95]。その結果，所有者不明建物管理命令の効力は，①所有者不明建物（その定義については，後述 ⅲ 参照）および②その敷地利用権（所有権を除く）[96]にも及ぶことになる（所有者不明建物管理命令の効力が及ぶ範囲については，後述 ⅳ 参照）。

ⅱ　所有者不明建物管理命令の対象と区分所有建物

　区分所有建物の専有部分，敷地利用権および共用部分は，所有者不明建物管理命令の対象としないことが，検討段階で確認された[97]。その理由は，以下のとおりである。一方で，①区分所有者が所在不明となって，専有部分の利用・管理を放置し，それが区分所有者の共同の利益に反する行為またはそのおそれがある行為と認められるときは，他の区分所有者の全員ま

95　部会資料 44・1-4 頁。所有者不明土地管理制度との関係。独立型（【甲案】）が多数か（第 18 回会議）。
96　所有者不明建物の敷地の所有者も不明の場合，その土地は所有者不明土地管理命令の対象となる（前述⑶ⅰ，前掲注 83 および該当本文参照）。
97　中間試案第 2.1⑵（注 1）では，慎重に検討するとしていたが，部会資料 28・1.2 は「対象とはしないものとする」ことを提案した。

たは管理組合法人がその行為の停止措置等を請求できる（区所法57～59）。また，②所在不明となった区分所有者が管理費，修繕積立金等を支払っていない場合，他の区分所有者，管理者または管理組合法人が，所在不明区分所有者の区分所有権の上に先取特権をもつゆえに（区所法7），担保権の実行としての競売（民執法180）により，他の区分所有者等がこの区分所有権を買い受け，管理をすることもできる。他方で，③区分所有建物では，区分所有者が全員で建物，その敷地および附属施設の管理を行う団体を構成し，集会を開く等して建物等の管理を行い（区所法3），集会決議は，区分所有者および議決権を基にした多数決による（区所法17，18，39）等，区分所有関係に特有の意思決定方法が採られている。また，区分所有建物の共用部分には民法の共有規定とは異なる規定が定められている（区所法11～19）。したがって，区分所有者が不明になった場合の専有部分，敷地，共用部分等の管理への対応に関しては，区分所有関係の特色を踏まえて別途検討されるべきものと考えられる[98]。この方針には，特段の反対がなく，その後も維持された[99]。

その結果，所有者不明建物管理命令（民法264の8＊）は，区分所有建物の専有部分および共用部分には適用しないことが明文化された（区所法6④＊）。

ちなみに，後述する管理不全建物命令の規律（民法264の14＊）についても，区分所有建物の専有部分および共用部分は対象としないことが確認された（区所法6④＊）[100]。

iii　所有者不明建物管理命令と所有者不明建物管理人の選任

所有者を知ることができず，またはその所在を知ることができない建物

98　部会資料28・7-8頁。
99　部会資料44・6頁，要綱第Ⅰ部第3.1（8）（注）。
100　部会資料50・9頁，要綱第Ⅰ部第3.2（7）（注），区分所有法6条4項＊。後述4（3）ⅱ参照。

（建物が数人の共有に属する場合は，共有者を知ることができず，またはその所在を知ることができない建物の共有持分）がある場合（建物の所有者もしくは共有者の特定不能または所在不明），裁判所は，必要があると認めるときは，「**利害関係人**」の請求により，その請求に係る建物またはその共有持分を対象として，所有者不明建物管理人による管理を命ずる処分（所有者不明建物管理命令）をすることができる（民法264の8①＊）。裁判所は，所有者不明建物管理命令をする場合には，当該命令において，所有者不明建物管理人を選任しなければならない（民法264の8④＊）。

ⅳ　所有者不明建物管理命令の効力が及ぶ範囲

　所有者不明建物管理命令の効力は，①当該命令の対象とされた建物または共有持分を対象として所有者不明建物管理命令が発せられた場合における共有物である建物のみならず，②建物にある動産であって，当該建物の所有者または共有者が所有するもの，および③当該建物を所有し，または当該建物の共有持分を有するための「建物の敷地に関する権利（賃借権その他の使用及び収益を目的とする権利（所有権を除く。））であって，当該建物の所有者又は共有者が有するもの」（民法264の8②＊。下線は引用者による）に及ぶ（以下，「所有者不明建物管理命令対象財産」という）。

　したがって，所有者不明建物のための土地利用権原が土地所有権である場合は，所有者不明建物を管理するためには，所有者不明土地管理命令を得ることが必要になるものと考えられる[101]。

　その一方で，所有者不明建物のための土地利用権原が何であるか不明の場合は，土地所有者が判明していれば，所有者不明建物管理人を選任し，土地所有者と土地利用権原について協議し，土地利用権原を設定するか，建物を収去するかについて，合意をすることができるものと解される。そ

101　前掲注83参照。

の際，土地所有者が所有者不明建物管理人の選任を申し立て，この者を相手方に建物収去・土地明渡請求の訴えを提起することも考えられる（民法264の8⑤＊，264の4＊）。

　他方，所有者不明建物のための土地利用権原が何であるか不明の場合で，土地所有者も不明の場合は，所有者不明土地管理人および所有者不明建物管理人の選任を申し立て，両管理人が協議して，または同一人が選任された場合はその者が権限を行使して，管理・処分を行うことになるものと解される[102]。

　所有者不明建物管理命令は，いったん発出された所有者不明建物管理命令が後に取り消された場合でも，同命令の対象である建物または共有持分ならびに同命令の効力が及ぶ動産および建物の敷地に関する権利の管理・処分，その他の事由により，所有者不明建物管理人が得た財産について，裁判所が必要であると認めるときも，発出することができる（民法264の8③＊）。

v　所有者不明建物管理人の法的地位

　所有者不明建物管理命令および所有者不明建物管理人には，所有者不明土地管理命令および所有者不明土地管理人に関する規定（民法264の3＊〜264の7＊）が準用される（民法264の8⑤＊）[103]。

　したがって，所有者不明建物管理命令が発出され，所有者不明建物管理人が選任された場合，所有者不明建物管理命令の効力が及ぶ①建物，②当該建物にある動産であって当該建物の所有者または共有者が所有するもの，および③当該建物の敷地に関する権利（所有権を除く）であって，当該建物の所有者または共有者が有するもの（民法264の8②＊。前述iv①〜③の所有者

102　前掲注83参照。
103　非訟法90条2項＊〜90条15項＊も，所有者不明建物管理命令および所有者不明建物管理人に準用される（非訟法90⑯＊）。

不明建物管理命令対象財産），および④「その管理，処分その他の事由」により，所有者不明建物管理人が得た財産（管理・処分対象財産）を管理・処分する権利は，所有者不明建物管理人に「専属」する（民法 264 の 8 ⑤＊，264 の 3 ①＊）。

そして，所有者不明建物管理人が管理・処分権をもつ管理・処分対象財産に関する訴えについては，所有者不明建物管理人を原告または被告とすることになる（民法 264 の 8 ⑤＊，264 の 4 ＊）[104]。

一方，これらの管理・処分対象財産に関して，その所有者（共有持分を有する者を含む）を当事者とする訴訟手続は中断する。この場合，所有者不明建物管理人は，その訴訟手続を受け継ぐことができる（民訴法 125 ①＊，③＊）。他方，所有者不明建物管理命令が取り消されたときは，所有者不明建物管理人を当事者とする管理・処分対象財産に関する訴訟手続は，中断する。この場合は，当該財産の所有者（共有持分を有する者を含む）が訴訟手続を受け継がなければならない（民訴法 125 ②＊，③＊）。

vi　所有者不明建物管理人の権限

所有者不明建物管理人は，管理・処分対象財産（前述 v ①〜④）について，①保存行為および②その財産の性質を変えない範囲内において利用または改良を目的とする行為をすることができる。そして，①・②の範囲を超える行為をするには，裁判所の許可を得なければならない（民法 264 の 8 ⑤＊，264 の 3 ②本文＊）[105]。例えば，所有者不明建物，その中にある建物所有者または共有者が所有する動産，および敷地利用権（所有権を除く）を売却するためには，所有者不明建物管理人は，**裁判所の許可**を得なければならない（許可を得ることにより，売却することができる）。ただし，この許可がない

104　中間試案 2.1 (1) イ ⑤，部会資料 52・11−12 頁，前述(3) iii 参照。
105　その際，裁判所は，許可の申立てを「却下する裁判」をするときは，理由を付さなければ
　　ならない（非訟法 90 ⑤ [2] ＊，⑥＊）。

ことをもって善意の第三者に対抗することはできない（民法264の8⑤＊，
264の3②ただし書＊）。

vii　所有者不明建物管理人の義務

所有者不明建物管理人は，その管理・処分対象財産（前述iv参照）について「専属」的な管理・処分権をもつ一方，当該財産の所有者およびその共有者のために，「善良な管理者の注意」をもってその権限を行使しなければならない（民法264の8⑤＊，264の5①＊）。

複数の者の共有持分を対象として所有者不明建物管理命令が発せられた場合は，所有者不明建物管理人は共有者全員のために「誠実かつ公平に」その権限を行使しなければならない（民法264の8⑤＊，264の5②＊）。

所有者不明建物管理人は，管理・処分対象財産から金銭が生じたときは，その所有者または共有者のために，当該金銭を管理命令の対象建物（管理命令の対象が共有持分であるときは，その共有建物）の所在地の供託所に供託することができる（非訟法90⑧＊，⑯＊）。

viii　所有者不明建物管理人の費用・報酬

所有者不明建物管理人による管理・処分対象財産の管理に必要な費用および報酬は，当該財産の所有者およびその共有者の負担となる（民法264の8⑤＊，264の7②＊）。

このことを前提にして，所有者不明建物管理人は，管理・処分対象財産から，裁判所が定める額の費用の前払および報酬を受けることができる（民法264の8⑤＊，264の7①＊）。裁判所は，費用または報酬の額を定める裁判をする場合には，所有者不明建物管理人の陳述を聴かなければならない（非訟法90④＊，⑯＊）。

ⅸ　所有者不明建物管理人の辞任・解任

　所有者不明建物管理人は，「正当な事由」があるときは，裁判所の許可を得て，辞任することができる（民法264の8⑤＊，264の6②＊）。その際，裁判所は，許可の申立てを「却下する裁判」をするときは，理由を付さなければならない（非訟法90⑤［2］＊，⑯＊）。

　一方，所有者不明建物管理人が，その任務に違反し，管理・処分対象財産に「著しい損害」を与えたこと，その他「重要な事由」があるときは，裁判所は，利害関係人の請求により，所有者不明建物管理人を解任することができる（民法264の8⑤＊，264の6①＊）。裁判所は，解任の裁判をする場合には，所有者不明建物管理人の陳述を聴かなければならない（非訟法90④＊，⑯＊）。

ⅹ　所有者不明建物管理命令の変更・取消し

　裁判所は，所有者不明建物管理命令を変更し，または取り消すことができる（非訟法90⑨＊，⑯＊）。

　①　裁判所は，所有者不明建物管理人が管理すべき財産がなくなったとき（管理すべき財産の全部が供託されたときを含む），その他財産の管理を継続することが相当でなくなったときは，所有者不明建物管理人もしくは利害関係人の申立てにより，または職権で，所有者不明建物管理命令を取り消さなければならない（非訟法90⑩＊，⑯＊）。

　②　裁判所は，所有者不明建物管理人の管理・処分対象財産の所有者または共有者が，その所有権または共有持分が自己に帰属することを証明したときは，当該所有者または共有者の申立てにより，所有者不明建物管理命令を取り消さなければならない（非訟法90⑪前段＊，⑯＊）。これによって所有者不明建物管理命令が取り消されたときは，所有者不明建物管理人は，当該所有者または共有者に対し，その事務の経過および結果を報告し，帰属が証明された財産を引き渡さなければならない（非訟法90⑪後段＊，⑯

＊）。

　所有者不明建物管理命令の取消しの裁判は，事件の記録上，所有者不明
建物等の所有者およびその所在が判明している場合に限り，その所有者ま
たは共有者に告知すれば足りる（非訟法 90 ⑬＊，⑯＊）。

4　管理不全土地・建物管理制度

(1)　管理不全土地・建物管理制度の創設

令和 3 年民法一部改正法は，民法第 2 編「物権」，第 2 章「所有権」の末尾に，第 5 節「管理不全土地管理命令及び管理不全建物管理命令」(民法 264 の 9 ＊〜 264 の 14 ＊) を新設した。このうち，民法 264 条の 9 ＊〜 264 条の 13 ＊が，管理不全土地管理命令，管理不全土地管理人の権限，義務，解任・辞任，費用償還・報酬請求等について定める一方，民法 264 条の 14 第 1 項＊〜第 3 項＊が，管理不全建物管理命令について定め，管理不全建物管理人の権限，義務，解任・辞任，費用償還・報酬請求等について，管理不全土地管理人についての規定を準用する (民法 264 の 14 ④＊)。

管理不全土地・建物管理制度は，たとえ所有者不明とはいえない (所有者の特定が可能で，その所在が判明している) 土地・建物であったとしても，後述する管理不全状態にあると認められる場合には，利害関係人の請求により，裁判所が管理命令を発出し，管理人に保存行為等の管理をさせる制度である[106]。

もっとも，この管理不全土地・建物の管理人の制度は，土地・建物の所有者が不明 (特定不能または所在不明) の場合であっても，管理不全状態であると認められるときは，なお利用可能であることに留意する必要がある[107]。

106　中間試案 2.2 (1)参照。その後，部会資料 39・第 2.1 (1)でも維持され，管理不全土地管理人の法的地位，土地所有者との関係をどのように規律すべきかが議論された。

107　中間試案 2.2 (1)注 2 参照。なお，すでに所有者不明土地管理命令が発出されていれば，管理不全土地管理命令の申立ては却下され，管理不全土地管理命令が発出された後に所有者不明土地管理命令が発出されたときは，管理不全土地管理命令は取り消されることが想定されている (部会資料 39・16 頁)。

(2) 管理不全土地の管理

i 管理不全土地管理命令および管理不全土地管理人の選任

所有者による土地の管理が「**不適当**」であることにより，「他人の権利又は法律上保護される利益が侵害され，又は侵害されるおそれがある場合」，裁判所は，必要があると認めるときは，「**利害関係人**」の請求により，当該土地を対象として，管理不全土地管理人による管理を命ずる処分（管理不全土地管理命令）をすることができる（民法264の9①＊）。裁判所は，管理不全土地管理命令をする場合は，当該命令において，「管理不全土地管理人」を選任しなければならない（民法264の9③＊）。

管理不全土地管理命令の効力は，①当該管理不全土地管理命令の対象とされた土地のほか，②当該土地にある動産で，当該土地の所有者またはその共有持分を有する者が所有するものにも及ぶ（民法264の9②＊）。

管理不全土地管理命令の申立ては，当該不動産の所在地を管轄する地方裁判所の管轄に属する（非訟法91①＊）。

裁判所は，管理不全土地管理命令をする場合には，管理不全土地管理命令の対象となるべき土地の所有者の陳述を聴かなければならない（非訟法91③柱書本文＊）。所有者不明土地管理命令と異なり，管理不全土地管理命令は，所有者不明でない場合にもすることができるからである。ただし，その陳述を聴く手続を経ることにより，「当該裁判の申立ての目的を達することができない事情」があるときは，この限りでない（非訟法91③柱書ただし書＊）。

ii 管理不全土地管理人の法的地位・権限

管理不全土地管理人は，①管理不全土地管理命令の対象とされた土地，②同命令の効力が及ぶ動産（前述 i ②），および③その管理・処分，その他の事由によって管理不全土地管理人が得た財産（管理・処分対象財産）の管

理および処分をする権限をもつ（民法264の10①＊）。しかし，所有者不明土地管理人の場合と異なり，管理・処分対象財産に関する管理・処分権は管理不全土地管理人に専属するものとはされておらず，それに関する訴えの原告・被告になるのも，管理不全土地管理人ではなく，土地所有者になるものと解される[108]。

　したがって，管理不全土地管理人の管理・処分権の内容は，所有者不明土地管理人のそれよりも，制限された内容のものとなっている[109]。すなわち，管理不全土地管理人は，管理・処分対象財産（前述①～③）に対し，[1]保存行為，および[2]管理・処分対象財産の性質を変えない範囲内において，その利用または改良を目的とする行為をすることができる（民法264の10②[1]＊・[2]＊）。

　しかし，[3]これら[1]・[2]の範囲を超える行為をするためには，**裁判所の許可**を得なければならない（民法264の10②柱書本文＊）。その際，管理不全土地管理人は，その許可の申立てを裁判所にする場合には，その許可を求める理由を疎明しなければならない（非訟法91②＊）。そして，裁判所は，その許可の裁判をする場合には，管理不全土地管理命令の対象とされた土地の所有者の陳述を聴かなければならない（非訟法91③[2]＊）。さらに，これに加えて，裁判所が管理不全土地管理命令の対象とされた「**土地の処分**」について許可をするには，その「**所有者の同意**」がなければならない（民法264の10③＊）。ちなみに，所有者不明土地管理人が所有者不明土地管理命令の対象土地を処分することに裁判所が許可する際には，それが所有者不明土地であることに鑑み，所有者の同意までは不要である[110]。これに対し，管理不全土地管理命令がされても，管理・処分対象財産の管理・処分権が管理不全土地管理人に専属するものではなく，土地の処分に

108　所有者不明土地管理人の法的地位および権限に関しては，前述3⑶ⅲ，ⅳ参照。
109　部会資料39・第2.1⑵参照。同第2.1⑶，⑷も参照。
110　前述3⑶ⅳ。

ついては，所有者が判断すべきものである[111]。

　管理不全土地管理人が，裁判所の許可が必要であるにもかかわらず，その許可を得ずにした行為は，無効である。しかし，この無効は「**善意でかつ過失がない第三者**」には，この許可がないことをもって対抗することができない（民法264の10②柱書ただし書＊）。ちなみに，所有者不明土地管理人が，裁判所の許可が必要であるにもかかわらず，その許可を得ずにした行為は，「善意の第三者」には，この許可のないことをもって対応することができない（民法264の3②柱書ただし書＊）。この相違が生じる理由は，管理・処分対象財産について専属的な管理・処分権をもつ所有者不明土地管理人に比べ，本来ならば所有者が決定すべき対象財産の管理・処分について，より制限された管理・処分権をもつにとどまる管理不全土地管理人の場合は，その行為が管理・処分権の範囲内かどうか，範囲外の場合は裁判所の許可を得ているかどうかについて，その行為の相手方（所有者からみれば第三者）が確認義務を負うものと解されるからである[112]。

iii　管理不全土地管理人の義務

　管理不全土地管理人は，管理・処分対象財産（前述i①〜③）[113]の所有者のために，「善良な管理者の注意」をもって，その権限を行使しなければならない（民法264の11①＊）。

　また，管理・処分対象財産が，数人の共有に属する場合には，管理不全土地管理人は，その共有持分を有する者全員のために，「誠実かつ公平に」その権限を行使しなければならない（民法264の11②＊）。

　管理不全土地管理人は，管理不全土地管理命令の対象土地および同命令の効力が及ぶ動産の管理・処分，その他の事由によって金銭が生じたとき

111　したがって，「土地の処分」が必要となり，そのために「所有者の同意」を得ようとしても，土地所有者が不明の場合には，所有者不明土地管理命令を得る必要がある。
112　部会資料50・3頁，5頁，部会資料52・15頁。
113　民法264条の10第1項＊にいう「管理不全土地等」をいう。

は，その土地の所有者またはその共有持分を有する者のために，当該金銭を同命令の対象とされた土地の所在地の供託所に供託することができる（非訟法 91 ⑤前段＊）[114]。

ⅳ　管理不全土地管理人の費用・報酬

　管理不全土地管理人による管理・処分対象財産の管理に必要な費用および報酬は，管理・処分対象財産の所有者の負担となる（民法 264 の 13 ②＊）。

　このことを前提に，管理不全土地管理人は，管理・処分対象財産（前述 ⅰ①〜③）から，裁判所が定める額の費用の前払および報酬を受けることができる（民法 264 の 13 ①＊）。その際，裁判所は，費用の額を定める裁判をするためには，管理不全土地管理人の陳述を（非訟法 91 ③ [4] ＊），また，報酬の額を定める裁判をするためには，管理不全土地管理人および管理不全土地管理命令の対象とされた土地の所有者の陳述を聴かなければならない（非訟法 91 ③ [5] ＊）。

ⅴ　管理不全土地管理人の辞任・解任

　管理不全土地管理人は，「正当な事由」があるときは，裁判所の許可を得て，辞任することができる（民法 264 の 12 ②＊）。裁判所は，この許可の申立てを却下する裁判には，理由を付さなければならない（非訟法 91 ④ [4] ＊）。

　一方，管理不全土地管理人がその任務に違反して，管理・処分対象財産に対して「著しい損害」を与えたこと，その他「重要な事由」があるときは，裁判所は，利害関係人の請求により，管理不全土地管理人を解任することができる（民法 264 の 12 ①＊）。裁判所は，解任の裁判をする場合には，管理不全土地管理人の陳述を聴かなければならない（非訟法 91 ③ [3] ＊）。

114　供託をしたときは，法務省令の定めに従い，供託をした旨，その他法務省令で定める事項が公告される（非訟法 91 ⑤後段＊）。

そして，解任の申立てについて裁判をする場合には，理由を付さなければ
ならない（非訟法 91 ④［3］＊）。

vi　管理不全土地管理命令の変更・取消し

　裁判所は，管理不全土地管理命令を変更し，または取り消すことができ
る（非訟法 91 ⑥＊）。

　裁判所は，管理すべき財産がなくなったとき（管理すべき財産の全部が供託
されたときを含む），その他財産の管理を継続することが相当でなくなった
ときは，管理不全土地管理人もしくは利害関係人の申立てにより，または
職権で，管理不全土地管理命令を取り消さなければならない（非訟法 91 ⑦
＊）。

(3)　管理不全建物の管理

i　管理不全建物管理命令と管理不全建物管理人の選任

　改正民法は，管理不全土地管理制度と並んで，管理不全建物管理制度も
導入した[115]。すなわち，所有者による「建物」の管理が「不適当」である
ことにより，「他人の権利又は法律上保護される利益が侵害され，又は侵
害されるおそれがある場合」において，裁判所は，必要があると認めると
きは，「利害関係人」の請求により，当該建物を対象として，「管理不全建
物管理人」による管理を命ずる処分（管理不全建物管理命令）をすることが
できる（民法 264 の 14 ①＊）。裁判所は，管理不全建物管理命令をする場合
には，当該命令において，管理不全建物管理人を選任しなければならない
（民法 264 の 14 ③＊）。

　管理不全建物管理命令は，対象となる建物の所在地を管轄する地方裁判

115　部会資料 39・第 2.2 参照。

所の管轄に属する（非訟法 91 ①＊）。

　裁判所は，管理不全建物管理命令をする場合には，管理不全建物管理命令の対象となるべき**建物の所有者の陳述**を聴かなければならない（非訟法 91 ③柱書本文＊，⑩＊）。所有者不明建物管理命令と異なり，管理不全建物管理命令は，所有者不明でない場合もすることができるからである。ただし，その陳述を聴く手続を経ることにより，「当該裁判の申立ての目的を達することができない事情」があるときは，この限りでない（非訟法 91 ③柱書ただし書＊，⑩＊）。

ⅱ　管理不全建物管理命令の対象と区分所有建物

　管理不全建物命令は，区分所有建物の専有部分および共用部分は対象としないことが，検討段階から確認された[116]。その理由については，所有者不明建物管理命令の対象と区分所有建物に関して述べたのと同様である[117]。その結果，管理不全建物管理命令（民法 264 の 14＊）は，区分所有建物の専有部分および共用部分には適用しないことが明文化された（区分所有法 6 ④＊）。

ⅲ　管理不全建物管理命令の効力が及ぶ範囲

　管理不全建物管理命令の効力は，①当該命令の対象とされた建物のほか，②当該建物にある動産であって，当該命令の対象とされた建物の所有者またはその共有持分を有する者が所有するもの，および③当該建物を所有するための建物の敷地に関する賃借権，その他の使用・収益を目的とする権利（所有権を除く）であって，当該命令の対象とされた建物の所有者またはその共有持分を有する者が有するものに及ぶ（民法 264 条の 14 ②＊）。

116　部会資料 50・9 頁。要綱第Ⅰ部第 3.2（7）（注）。
117　前述 3(4)ⅱ参照。

iv　管理不全建物管理人の法的地位・権限

　管理不全建物管理人には，管理不全土地管理人に関する民法の規定（民法 264 の 10 ＊〜 264 の 13 ＊）および非訟事件手続法の規定（非訟法 91 ② ＊〜 ⑨ ＊）が準用される（民法 264 の 14 ④ ＊，非訟法 91 ⑩ ＊）[118]。

　したがって，管理不全建物管理人は，①管理不全建物管理命令の対象とされた建物，②同命令の効力が及ぶ動産（前述 iii ②），および③その管理・処分，その他の事由によって管理不全建物管理人が得た財産（管理・処分対象財産たる管理不全建物等）の管理および処分をする権限をもつ（民法 264 の 14 ④ ＊，264 の 10 ① ＊）。しかし，所有者不明建物管理人の場合と異なり，管理・処分対象財産に関する管理・処分権は管理不全建物管理人には専属せず，それに関する訴えの原告・被告には，管理不全建物管理人ではなく，建物所有者になるものと解される。

　管理不全建物管理人は，管理・処分対象財産（前述①〜③）に対し，[1] 保存行為，および [2] 管理・処分対象財産の性質を変えない範囲内において，その利用または改良を目的とする行為をすることができる（民法 264 の 14 ④ ＊，264 の 10 ② [1] ＊・[2] ＊）。[3] これら [1]・[2] の範囲を超える行為をするためには，**裁判所の許可**を得なければならない（民法 264 の 14 ④ ＊，264 の 10 ②柱書本文 ＊）。その際，管理不全建物管理人は，その許可の申立てを裁判所にする場合には，その許可を求める理由を疎明しなければならない（非訟法 91 ② ＊，⑩ ＊）。そして，裁判所は，その許可の裁判をする場合には，管理不全建物管理命令の対象とされた建物の所有者の陳述を聴かなければならない（非訟法 91 ③ [2] ＊，⑩ ＊）。さらに，裁判所が管理不全建物管理命令の対象とされた建物の「処分」を許可するには，その「**所有者の同意**」がなければならない（民法 264 の 14 ④ ＊，264 の 10 ③ ＊）[119]。

---

[118]　前述(2) ii 〜 vi 参照。

　管理不全建物管理人が，裁判所の許可が必要であるにもかかわらず，その許可を得ずにした行為であっても，「**善意でかつ過失がない第三者**」には，この許可がないことをもって対抗することができない（民法264の14④＊，264の10②柱書ただし書＊）。

ⅴ　管理不全建物管理人の義務

　管理不全建物管理人は，管理・処分対象財産（前述ⅳ①～③。管理不全建物等）の所有者のために，「善良な管理者の注意」をもって，その権限を行使しなければならない（民法264の14④＊，264の11①＊）。

　また，管理・処分対象財産が，数人の共有に属する場合には，管理不全建物管理人は，その共有持分を有する者全員のために，「誠実かつ公平に」その権限を行使しなければならない（民法264の14④＊，264の11②＊）。

　管理不全建物管理人は，管理不全建物管理命令の対象建物および同命令の効力が及ぶ動産の管理・処分，その他の事由によって金銭が生じたときは，その建物の所有者または共有者のために，当該金銭を同命令の対象とされた建物の所在地の供託所に供託することができる（非訟法91⑤前段＊，⑩＊）[120]。

ⅵ　管理不全建物管理人の費用・報酬

　管理不全建物管理人による管理・処分対象財産の管理に必要な費用および報酬は，管理・処分対象財産の所有者の負担となる（民法264の14④＊，264の13②＊）。

　そして，管理不全土地管理人は，管理・処分対象財産（前述ⅳ①～③。管理不全建物等）から，裁判所が定める額の費用の前払および報酬を受けるこ

119　したがって，建物の「処分」が必要となり，そのために「所有者の同意」を得ようとしても，建物所有者が不明の場合には，所有者不明建物管理命令を得る必要がある。
120　供託をしたときは，法務省令の定めに従い，供託をした旨，その他法務省令で定める事項が公告される（非訟法91⑤後段＊）。

とができる（民法264の14④＊，264の13①＊）。その際，裁判所は，費用の額を定める裁判をするためには，管理不全建物管理人の陳述を（非訟法91③[4]＊，⑩＊），また，報酬の額を定める裁判をするためには，管理不全建物管理人および建物所有者の陳述を聴かなければならない（非訟法91③[5]＊，⑩＊）。

vii　管理建物管理人の辞任・解任

管理不全建物管理人は，「正当な事由」があるときは，裁判所の許可を得て，辞任することができる（民法264の14④＊，264の12②＊）。裁判所は，この許可の申立てを却下する裁判には，理由を付さなければならない（非訟法91④[4]＊，⑩＊）。

一方，管理不全建物管理人がその任務に違反して，管理・処分対象財産（管理不全建物等）に対して「著しい損害」を与えたこと，その他「重要な事由」があるときは，裁判所は，利害関係人の請求により，管理不全建物管理人を解任することができる（民法264の14④＊，264の12①＊）。裁判所は，解任の裁判をする場合には，管理不全建物管理人の陳述を聴かなければならない（非訟法91③[3]＊，⑩＊）。そして，解任の申立てについて裁判をする場合には，理由を付さなければならない（非訟法91④[3]＊，⑩＊）。

viii　管理不全建物管理命令の変更・取消し

裁判所は，管理不全建物管理命令を変更し，または取り消すことができる（非訟法91⑥＊，⑩＊）。

裁判所は，管理すべき財産がなくなったとき（管理すべき財産の全部が供託されたときを含む），その他財産の管理を継続することが相当でなくなったときは，管理不全建物管理人もしくは利害関係人の申立てにより，または職権で，管理不全建物管理命令を取り消さなければならない（非訟法91⑦＊，⑩＊）。

5 相続財産の管理および清算に関する規律

(1) 相続財産の管理

ⅰ 遺産共有と通常共有

　共有に関する規定は，共同相続財産の共有に関する規律の一般法としての意味をもっている。すなわち，相続人が数人あるときは，相続財産はその共有に属するものとされている（民法898①＊〔改正前民法898条と同じ〕）。

　したがって，遺産共有に関しても，共有財産である共同相続財産の管理に関する行為について，共有物を使用する共有者の義務（善管注意義務，対価償還義務），管理行為に関する同意取得方法，共有物の管理者の規律を適用する共同相続人が他の共同相続人から同意を取得する方法等についても，通常の共有と同様の仕組みを用いることで，検討が進められてきた[121]。

　そして，相続財産について共有に関する規定を適用するときは，**民法900条から902条までの規定**——①**法定相続分**（民法900），②**代襲相続人の相続分**（民法901），③**遺言による相続分の指定**（民法902）——に従って算定した相続分をもって各相続人の共有持分とすることが明文で規定された（民法898②＊）。この規定が，相続財産についての共有説および合有説の解釈論にどのような影響を与えるかについては，議論の余地がある。共有持分についての基準を明確化したことが，ただちに相続財産に属する個々の財産についての共有説，さらにはその前提にある法定相続主義（相続開始と同時に，相続財産に属する個々の財産について，法定相続分に従って共有状態が発生する）を強化したものとまではいえないように思われる。改正民法898条2項＊も法定相続分のみならず，遺言による相続分の指定があるときは，指定相続分によることを明確にしている。

121　中間試案4.1(2)，部会資料42・第3。

　いずれにせよ，相続財産の共有については，通常の共有とは異なる特別の規律も存在し，それについての法改正も行われた。以下では，この点について確認する[122]。

ii　相続財産の管理人による管理

　たとえ相続人が不明（特定不能または所在不明）等の場合であっても，相続財産の管理を円滑かつ適正に行うために，家庭裁判所は，「**利害関係人**」または検察官の請求により，いつでも，「**相続財産の管理人**」の選任，その他の「相続財産の保存」に必要な処分を命ずることができるものとされた（民法897の2①本文*）[123]。これは，共有物の管理者（民法252①括弧書*，252の2*）に対する特則とも解することができる。

　ただし，[1]相続人が1人である場合においてその相続人が相続の単純承認をしたとき（最早それは共有物ではない），[2]相続人が数人ある場合において遺産の全部の分割がされたとき（遺産共有の状態ではなくなる），または[3]民法952条1項の規定により相続財産の清算人が選任されているとき（相続財産の清算人が管理人に代わる）は，この限りでない（民法897の2①ただし書*）。

　そして，家庭裁判所が選任した相続財産の管理人については，民法27条〜29条の規定（不在者財産管理人の職務，権限，管理人の担保提供および報酬）が準用される（民法897の2②*）。

　この相続財産の管理人の制度は，**①相続人が数人ある場合における遺産分割前の相続財産**，**②相続人のあることが明らかでない場合における相続財産**につき，**保存に必要な処分**を可能にするとともに，これら①・②の相続財産の管理人の制度を，改正前民法918条2項（改正前民法926②〔限定

122　なお，不動産について，通常共有の共有者の特定不能または所在不明の場合における持分取得等に関する規律が，遺産共有についても設けられたが，それは相続開始から10年経過後に妥当する。この点については，前述(5)ⅱウ，ⅲイ参照。
123　この相続財産の保存に関する処分の審判の手続は，家事事件手続法190条の2による。

承認がされた場合〕，936③・926②〔相続人が数人ある場合〕，940②〔相続放棄者が
ある場合〕において準用される場合を含むものとしていた。改正法により，削除）が
定めていた相続財産の管理人の制度に統合し，相続財産の管理人に関する
統一的規律を設けたものである[124]。

　したがって，改正民法によって創設された相続財産管理人の制度（民法
897の2＊。関連規定として，民法898②＊，918②・③の削除＊，926②＊，家手法
190の2＊）は，前述②によっても確認されるように，相続財産について共
同相続人の全部または一部が不明（特定不能または所在不明）の場合にも利用
することが想定されている。その意味で，これもまた所有者不明土地の管
理に関する制度の一環として理解することができる[125]。

iii　相続放棄をした者による管理

　相続放棄をした者は，その放棄の時に相続財産に属する財産を現に占有
しているときは，相続人または「相続財産の清算人」（民法952①＊）[126] に
対して当該財産を引き渡すまでの間，**自己の財産におけるのと同一の注意**
をもって，その財産を保存しなければならない（民法940①＊）。その際に
は，受任者の報告義務（民法645），受領物の引渡義務（民法646）および費
用償還請求権（民法650①）ならびに代弁済請求権（民法650②）が準用され
る（民法940②＊）[127]。

iv　共有物の全部またはその持分が相続財産に属する場合の分割

　これについては，共有物の分割に関してすでに述べた[128]。

124　中間試案 2.4 (2)，部会資料 34・8-9 頁参照。
125　中間試案 2.4 (2)，部会資料 34・11 頁参照。
126　相続財産の清算人に関しては，後述(2)参照。
127　部会資料 44・1，2。相続放棄をした者の義務につき，部会資料 44・3 参照。
128　前述 2 (4) ii 参照。

⑵　相続財産の清算と相続財産清算人

i　複数の相続人が限定承認をした場合

　改正前民法は, ①共同相続人が限定承認をした場合（民法926②）, また
は相続人不存在の場合（民法952①）のように, 相続財産の清算が行われる
場合も, ②相続財産の清算を目的とせずに, 相続人のために相続財産の管
理が行われる場合（民法918②, ③）も, 「相続財産の管理人」の選任を可
能にしている。しかし, 目的を異にする管理人を同一の名称で呼ぶことは
相当でないと考えられることから, 改正民法は, 相続財産の清算を目的に
して選任される管理人には「**相続財産の清算人**」という名称を用いること
にした[129]。これには, ［1］相続人が数人ある場合において限定承認をした
ときに民法936条1項＊に基づいて選任されなければならない「相続財
産の清算人」と, ［2］相続人のあることが明らかでない場合（民法951）に,
民法952条1項＊に基づいて選任される「相続財産の清算人」とがある。

　まず, ［1］について, 改正民法は, 相続人が数人ある場合において, 限
定承認をしたときは[130], 相続財産の清算を円滑かつ適正に進めるために,
家庭裁判所は, 相続人の中から, 「相続財産の清算人」を選任しなければ
ならない（民法936①＊）。相続財産の清算人は, 相続人のために, 相続人
に代わって, 「相続財産の管理および債務の弁済に必要な一切の行為」を
行う権限をもつ（民法936②＊）。

　この相続財産の清算人には, 限定承認に関する民法926条～935条が
準用される（民法936③＊）。すなわち, ——

　①　相続財産の清算人は, その**固有財産におけるのと同一の注意**をもっ
て, 相続財産の管理を継続しなければならない（民法926①）[131]。

129　部会資料51・19頁参照。
130　共同相続人は全員が共同してのみ限定承認をすることができる（民法923）。

②　相続財産の清算人は，その相続財産の清算人の選任があった後10日以内に，すべての相続債権者（相続財産に属する債務の債権者）および受遺者に対し，相続財産の清算人となったこと，および一定期間内——この**公告期間**は2か月を下ることができない——に債権の請求の申出をすべき旨を**公告**しなければならない（民法927①）[132]。この公告には，相続債権者および受遺者がその期間内に申出をしないときは弁済から除斥されるべき旨を付記しなければならない（民法927②本文）。ただし，相続財産の清算人は，知れている相続債権者および受遺者を除斥することはできず（民法927②ただし書），これら知れている相続債権者および受遺者には，相続財産の清算人が各別にその**申出の催告**をしなければならない（民法927③）。相続財産の清算人は，前記の公告期間（民法927①）の満了前には，相続債権者および受遺者に対して弁済を拒むことができる一方（民法928），公告期間が満了した後は，相続財産をもって，同期間内に申出をした相続債権者，その他知れている相続債権者に対し，それぞれその債権額の割合に応じて弁済しなければならない（民法929本文）[133]。相続財産の清算人は，公告期間満了後は，弁済期が未到来の債権も弁済しなければならず（民法930①），条件付債権および不確定期限付債権は，家庭裁判所が選任した鑑定人の評価に従って弁済しなければならない（民法930②）。

③　相続財産の清算人は，受遺者に対しては，相続債権者に弁済した後でなければ，弁済することができない（民法931）。

④　相続財産の清算人は，公告期間の満了後に弁済する際に，相続財産を売却する必要があるときは，相続財産を競売に付さなければならない（民法932本文）。ただし，家庭裁判所が選任した鑑定人の評価に従い，相続

131　この場合，受任者に関する民法645条，646条，650条1項・2項が準用される（民法926②＊）。

132　この公告は，官報に掲載して行う（民法936③＊，927④）。

133　ただし，その際には，優先権を有する債権者の権利を害することはできない（民法929ただし書）。

財産の全部または一部の価額を弁済して，その競売を止めることができる（民法932ただし書）。相続債権者および受遺者は，自己の費用で相続財産の競売または鑑定に参加することができる。その際には，相続債権者または受遺者から参加の請求があったにもかかわらず，その請求をした者を参加させないで競売または鑑定をしたときは，その競売または鑑定は，その請求をした者に対抗することができない（民法933）。

　⑤　相続財産の清算人は，前記②の公告もしくは催告（民法927）をすることを怠り，または同公告期間（民法927①）の満了前に相続債権者もしくは受遺者に弁済したことにより，他の相続債権者もしくは受遺者に弁済をすることができなくなったときは，これによって生じた損害を賠償する責任を負う（民法934①前段）。相続財産の清算人が，民法929条〜931条（前記②，③）に違反して弁済をしたときも，同様である（民法934①後段）。なお，このことは，事情を知って不当に弁済を受けた相続債権者または受遺者に対し，他の相続債権者または受遺者が求償請求することを妨げるものではない（民法934②）[134]。

　⑥　前記②の公告期間内（民法927①）に申出をしなかった相続債権者および受遺者で，相続財産の清算人に知れなかったものは，残余財産についてのみその権利を行使することができる（民法935本文）[135]。

ⅱ　相続人のあることが明らかでない場合

　①　相続人のあることが明らかでない場合，相続財産は法人となる（**相続財産法人**。民法951）。この場合，家庭裁判所は，利害関係人または検察官の請求により，相続財産の清算人を選任しなければならない（民法952①＊）[136]。その後の手続は，下記のとおりである。

134　これらの損害賠償請求権および求償権については，民法724条が準用される（民法934③）。
135　ただし，相続財産について特別担保を有する者は，この限りではない（民法935ただし書）。
136　相続人の不存在の場合における相続財産の清算に関する処分の審判事件は，相続が開始した地を管轄する家庭裁判所の管轄に属する（家手法203［1］）。

②　家庭裁判所が，相続財産の清算人を選任したときは，遅滞なく，その旨および相続人があるならば一定の期間内——この**相続人の権利主張期間＝相続人の捜索の公告期間**は6̇か̇月̇を下回ることができない——にその権利を主張すべき旨を**公告**しなければならない（民法952②＊）。この相続財産の清算人には，不在者の財産管理人の職務，権限および担保提供ならびに報酬に関する規定（民法27～29）が準用される（民法953条＊）。相続財産の清算人は，相続債権者または受遺者の請求があったときは，その者に相続財産の状況を報告しなければならない（民法954＊）。

なお，相続財産法人は，相続人のあることが明らかになったときは，成立しなかったものとみなされる（民法955前段）。ただし，相続財産の清算人がその権限内でした行為の効力は妨げられない（民法955後段＊）。そして，相続財産の清算人の代理権は，相続人が相続の承認をした時に消滅する（民法956①＊）。これによって代理権を失った相続財産の清算人は，遅滞なく相続人に対して清算に係る計算をしなければならない（民法956②＊）。

③　家庭裁判所による相続財産清算人の選任および相続人の捜索の公告（民法952②＊。前記②）があったときは，相続財産清算人は，全ての相続債権者および受遺者に対し，2̇か̇月̇以上の期間を定めて，その期間内にその請求の申出をすべき旨を**公告**しなければならない。その期間は，相続人の捜索期間（民法952②＊。相続人が権利を主張すべき期間として家庭裁判所が6か月以上の期間を定めて公告した期間。前記②）内に満了するものでなければならない（民法957①＊）[137]。これにより，相続債権者および受遺者の請求申出期間は，相続人の捜索期間内に満了することになる。

改正前民法は，相続人のあることが明らかでないとき（民法951）は，①家庭裁判所が利害関係人または検察官の請求により，相続財産管理人を選

137　この場合，限定承認に関する民法927条2項～4項，928条～935条（932ただし書〔弁済のための相続財産の換価に対し，家庭裁判所が選任した鑑定人の評価に従い，相続財産の全部または一部の価額を弁済し，その競売を止めることができる旨の規定〕を除く）の規定が，相続財産の清算人に準用される（民法957②）。

任し（改正前民法 952 ①），遅滞なくその旨を公告したうえで，②この相続財産管理人の選任公告後，2 か月以内に相続人のあることが明らかにならなかったときは，相続財産管理人が 2 か月以上の期間を定めて相続債権者および受遺者に請求の申出の公告を行い（改正前民法 957 ①），③この②の期間の満了後もなお相続人のあることが明らかでないときは，家庭裁判所は，相続財産管理人または検察官の請求により，6 か月以上の期間を定めて，相続人があるならばその期間内に権利を主張すべき旨を公告しなければならなかった（相続人の捜索の公告。改正前民法 958）。

　改正民法は，この相続人の捜索の公告に関する改正前民法 958 条を削除し，相続財産清算人の選任後，ただちにその旨ならびに相続人の捜索の公告および相続債権者ならびに受遺者の請求申出の公告を同時並行的に実施するものとした（民法 952 ②＊）。こうして，相続財産の清算に要する期間を短縮し，手続を簡略化することにより，清算コストの軽減が図られている[138]。

　相続人の捜索の公告期間（民法 952 ②＊）内に相続人としての権利主張をする者がない場合において，被相続人と生計を同じくしていた者，被相続人の療養看護に努めた者，その他被相続人と特別の縁故があった者の請求に対し，家庭裁判所が相当と認めるときは，これらの者に清算後残存すべき相続財産の全部または一部を与えることができる（**特別縁故者に対する相続財産の分与**。民法 958 の 2 ①。改正前民法 958 の 3 ①と同じ）。この請求は，相続人の捜索の公告期間（民法 952 ②＊）の満了後 3 か月以内にしなければならない（民法 958 の 2 ②＊）[139]。

138　中間試案 2.4 ⑵，部会資料 34・21・22 頁，部会資料 45・4-5 頁に対し，部会資料 51・19-20 頁において，相続財産清算人の選任および相続人の捜索の公告があったときは，それから 2 か月待つこと（改正前民法 957 ①）をしなくとも，相続財産清算人が事案に応じて適切と認める時期に，相続債権者ならびに受遺者の請求の申出の公告をすれば足りるという考え方が打ち出され，改正民法 952 条 2 項＊へと通じた。

139　したがって，特別縁故者に対する相続財産の分与の申立てに対する審判は，相続人の捜索期間（民法 952 ②＊）の満了後 3 か月を経過した後にしなければならない（家手法 204）。

　これは，特別縁故者の財産分与請求は相続人の捜索期間（改正前民法958）の満了後3か月以内にしなければならないとしていた規定（改正前民法958の3②）と同様であるが，相続人の捜索期間が前述したように実質的に短縮されていることに留意する必要がある。

(3)　遺産分割に関する期間制限

ⅰ　期間経過後の遺産分割における相続分

　所有者不明土地の発生を予防するという観点からは，土地所有権の相続登記を促進することが喫緊の課題であるが，相続登記の促進を実質的に左右する本源的なボトルネックとして，遺産分割をどのようにして促すかが極めて重要である。

　この点について，議論の末，令和3年民法改正等は，**相続開始時から10年を経過した後にする遺産分割**については，具体的相続分の算定の基礎となる①**特別受益**（民法903，904）および②**寄与分**（民法904の2）に関する規定が適用されないものとすることにより（民法904の3柱書本文*），共同相続人が他の共同相続人の特別受益および自己の寄与分を考慮に入れた具体的相続分による遺産分割を求める利益を失いうることを定めた。これは，相続開始時から10年以内に遺産分割が行われるよう，間接的に促すものであるといえる[140]。その結果，遺言がない場合は，遺産分割がされずに10年経過した後は，法定相続分（民法900，901）または指定相続分（民法902）に従って遺産分割が行われることになる[141]。

---

[140]　中間試案4.2.3，部会資料42第1，部会資料51第1部第4.3補足説明（20頁）。

[141]　もっとも，10年経過後も遺産分割の基準（民法906）はなお適用されるものと解される（部会資料42第1.2(1)参照）。なお，遺産共有と通常の共有が併存する共有物につき，共有物分割請求（民法258）がされた場合，裁判所は原則として相続人間の分割もすることができる。ただし，相続開始から10年を経過していないとき，または遺産分割の審判・調停事件が係属し，相続人が異議の申出をした場合は，共有物分割手続の中で分割することはできないものとされた（部会資料42第1.2(2)，258の2②・③，前述2(4)ⅱ参照）。

　ただし，①相続開始時から 10 年を経過する前に，相続人が家庭裁判所に遺産分割の請求をしたとき（民法 904 の 3 [1] *），または②相続開始時から始まる 10 年の期間の満了前 6 か月以内の間に，遺産分割を請求することができないやむを得ない事由が相続人（当初の相続人が死亡しているときは，その地位を承継した者）にあった場合において，その事由が消滅した時から 6 か月を経過する前に，当該相続人が家庭裁判所に遺産分割の請求をしたとき（民法 904 の 3 [2] *）は，この限りでない（民法 904 の [3] 柱書ただし書*）。

　さらに，遺産分割がされずに，相続開始から 10 年経過した後であっても，共同相続人間で具体的相続分に従って分割する旨の合意がされた場合は，それに従った遺産分割の協議による分割が有効であるのはもちろん，遺産分割の調停または審判による場合でも，当該合意に従った遺産分割は有効であると解される[142]。

　しかし，他方で，遺産分割がされずに相続開始から 10 年が経過し，法定相続分によって遺産分割がされたことに対し，具体的相続分による遺産分割の場合よりも不利益を受けた共同相続人が，同じく利益を受けた共同相続人に対し，不当利得を理由とする返還請求をすることは認められないものと解される[143]。遺産分割に際して具体的相続分に関する民法 903 条，904 条および 904 条の 2 が適用されないものとした趣旨は，遺産分割の場面で基準とされるにとどまらず，共同相続人間の最終的な利益帰属に関しても，法定相続分に従った遺産分割により，具体的相続分に従った遺産分割よりも利益を受ける共同相続人の利得が，不当利得とはいえないことも含意していると解される。

ii　期間経過後における遺産分割の調停・審判の申立ての取下げ

　加えて，相続開始時から 10 年を経過した後は，遺産分割の審判の申立

142　部会資料 42・第 1.5 補足説明，部会資料 51・第 1 部第 4.3 補足説明（20 頁）参照。
143　部会資料 51・第 1 部第 4.3 補足説明（20 頁）参照。

ての取下げは，相手方の同意を得なければ，その効力を生じないものとされた（家手法 199 ②＊）[144]。

　また，遺産分割の調停の申立ての取下げについても同様である（家手法 273 ②＊）。これらも，相続開始時から 10 年以内に遺産分割が完了することへの間接的なインセンティブとなりうる。

ⅲ　遺産分割禁止に関する期間制限

　遺産分割をしないこと（遺産分割の禁止）についても規律が改められた。すなわち，共同相続人は 5 年以内の期間を定めて，遺産の全部または一部について遺産分割をしない旨の契約をすることができるが，その期間の終期は，相続開始時から 10 年を超えることができないものとされた（民法 908 ②＊）。この契約は 5 年以内の期間を定めて更新することができるが，その期間の終期も相続開始時から 10 年を超えることができない（民法 908 ③＊）。

　また，遺産分割について共同相続人間に協議が調わず，または協議することができない場合，各共同相続人は遺産の全部または一部の分割を家庭裁判所に請求することができるが（民法907②本文），その際，家庭裁判所は，「特別の事由」があるときは，5 年以内の期間を定めて，遺産の全部または一部について分割を禁ずることができる。ただし，その期間の終期も相続開始時から 10 年を超えることができないものとされた（民法 908 ④＊）。この遺産分割禁止期間は，家庭裁判所が 5 年以内の期間を定めて更新することができるが，その終期も相続開始時から 10 年を超えることができない（民法 908 ⑤＊）。

144　部会資料 42・第 1.6。

iv 遺産分割に関する規範形成

以上の法改正からは，原則として**相続開始時から 10 年以内**に遺産分割を行うべきであるという規範ないし規範意識の形成が促されているようにみえる。

しかし，さらに，これら遺産分割に関する規定を，不動産所有権の相続登記の申請義務に関する規定と併せて読む場合には，**相続登記申請期間＝相続人が相続開始を知り，かつ所有権取得を知ってから 3 年以内**に，遺産分割を済ませてその旨を登記することが最も望ましいという規範および規範意識の形成が促されていると解されることに注意する必要がある（不登法 76 の 2 ②括弧書＊，76 の 3 ②括弧書＊。後述Ⅲ 1 (1)iv，vi 末尾参照）。

Ⅲ 不動産登記法等
の改正

1 不動産所有権の相続登記を促進するための法改正

(1) 不動産所有権の相続登記の申請義務

i 相続によって不動産所有権を取得した者が負う登記申請義務の法的性質と内容

所有者不明土地——すなわち，土地の所有者またはその共有者の全部または一部が特定不能または所在不明となっている土地——[145] を発生させる最大の原因は，土地の所有者または共有者（自然人）が死亡し，相続が開始しても，相続登記がされないことにあると考えられている[146]。そうであるとすれば，所有者不明土地問題の解決には，相続の発生による土地所有者の変更を登記することを促す制度改革が不可欠である。そこで，一方では，相続人の側に相続登記を促す方法が，他方では，登記所の側に登記名義人の死亡情報の入手をして登記に反映させる方法が[147]，それぞれ検討されてきた。

---

145 前述１１(1)参照。「所有者不明土地」については，法令上統一的定義があるわけではなく，各法律がその目的に応じて定義している（松尾 2019a: 342-348 頁参照）。例えば，所有者不明土地利用円滑化法 2 条 1 項は，「相当な努力が払われたと認められるものとして政令で定める方法により探索を行ってもなおその所有者の全部又は一部を確知することができない一筆の土地」と定義する（なお，同法施行規則 1～3 も参照）。いずれにせよ，所有者不明土地には，①土地の登記名義人が死亡した後，相続登記がされておらず，その後数次相続が生じる等して，土地の所有者（共有者を含む）が特定できない場合（特定不能）と，②仮に所有者（共有者を含む）が特定できたとしても，その所在が不明の場合（所在不明）の場合がある（松尾 2018: 94 頁注 1 参照）。

146 例えば，前掲注 5 に引用した国土交通省の調査によれば，平成 28 年度に地籍調査を実施した 62 万 2,608 筆のうち，不動産登記簿によって土地所有者・その他の利害関係人またはこれらの代理人の所在が確認できなかった土地は 12 万 5,059 筆（20.1％）であった。その原因として最も多かったのは，相続が発生したものの未登記だった土地で 8 万 3,371 筆（66.7％）であった。次いで，住所変更の未登記による土地が 4 万 496 筆（32.4％）であった。一方，売買・交換等があったものの未登記だった土地は 1,192 筆（1.0％）にとどまった。国土交通省「平成 28 年度地籍調査における土地所有者等に関する調査」，土地白書（平成 30 年版）114 頁図表 3-1-1 参照。

147 後述(5)参照。

　そして，不動産登記法は，不動産所有権の相続人に相続登記を促す方法として，不動産の所有権の登記名義人が死亡した場合において，相続によって当該所有権を取得した相続人に登記の申請を義務づけることとした（不登法76の2＊）[148]。

　「所有権の登記名義人について相続の開始があったときは，当該相続により所有権を取得した者は，自己のために相続の開始があったことを知り，かつ，当該所有権を取得したことを知った日から3年以内に，所有権の移転の登記を申請しなければならない。遺贈（相続人に対する遺贈に限る。）により所有権を取得した者も，同様とする」（不登法76の2①＊）。

　もっとも，この登記申請義務の創設は，民法改正によらずに，不動産登記法の改正により，「**公法上の登記申請義務**」[149]として課されるものである。しかも，相続による不動産の所有権取得に限定して，登記の申請義務を課すものである点に注意する必要がある。

ⅱ　相続登記申請期間

　不動産所有権の登記名義人（自然人）が死亡して相続が開始した場合，①相続（法定相続）[150]によって所有権を取得した者および②相続人に対する遺贈によって所有権を取得した者は，「**自己のために相続の開始があったことを知り，かつ，当該所有権を取得したことを知った日から3年以内**」（**相続登記申請期間**）に，所有権移転登記手続を申請しなければならないものとされた（不登法76の2①＊）。

148　相続以外の原因（例えば，死因贈与，相続人以外の者への遺贈等）による所有権の移転があった場合は，登記申請を公法上義務付ける規律は設けない方針がとられた（中間試案8）。このような異なる取扱いをどのように説明しうるかが議論されたが，この方針は，部会資料38・第3（49-50頁）でも維持された。

149　中間試案6.2(1)，部会資料38・第1.2(1)，部会資料53・第2部第1.1(1)，要綱第2部第1.1(1)参照。

150　遺産に属する特定の不動産を共同相続人の1人または数人に相続させる旨の遺言（特定財産承継遺言。民法1014②）による土地所有権の取得を含む（部会資料53・2頁，要綱第2部第1.1(1)注1)。

　なお，相続登記申請義務を創設する改正不動産登記法76条の2＊の施行の際に，不動産所有権の登記名義人がすでに死亡している場合は，前述の相続登記申請期間の起算点（不登法76の2①＊）がすでに進行していることが考えられる。そこで，この場合には，①自己のために相続の開始があったことを知り，かつ当該所有権を取得したことを知った日，または②改正不動産登記法76条の2第1項＊の施行の日のいずれか遅い日から3年以内に，所有権移転の登記を申請しなければならないという形で，相続登記申請義務が過大なものとならないよう，配慮がされている[151]。

iii　相続登記申請の方法

　相続登記の方法としては，①　登記名義人から，特定財産承継遺言または相続人への遺贈によって所有権を取得した者は，その旨を前述した相続登記申請期間内に登記することになる（不登法76の2①前段＊，後段＊）。

　②　これらの遺言がない場合，単独相続をした相続人は，相続による取得を相続登記申請期間内に登記しなければならない（不登法76の2①前段＊）。

　③　同じく①の遺言がない場合，共同相続人は，相続登記申請期間内に遺産分割をしてその結果を相続登記申請期間内に登記することにより，相続登記申請義務を果たすことができる（不登法76の2①前段＊）。

　④　同じく①の遺言がない場合，共同相続人は，遺産分割をしないまま，ひとまず法定相続分（民法900，901）に従った登記を相続登記申請期間内にすることによっても，相続登記申請義務を果たすことができる（不登法76の2①前段＊）。ただし，この場合には，法定相続分による登記がされた後に遺産分割が行われ，それによって法定相続分を超えて所有権を取得した共同相続人は，遺産分割の日から3年以内に所有権移転登記を申請しなければならない（不登法76の2②＊）ことに注意を要する。遺産分割の効

151　部会資料53・1頁（第2部第1.1(1)注5），民法等の一部を改正する法律附則5条6項。

果は相続開始時に遡ることから（民法909本文），法定相続分を超えて所有権を取得した共同相続人は，それを相続によって（相続開始時に）取得したことになり，「当該相続により所有権を取得した者」（不登法76の2①前段＊）に当たることになるが，法定相続分を超える分については，相続登記申請義務をなお果たしていないことになるからである[152]。

　ちなみに，民法上は，相続による権利の承継は，遺産分割によるものかどうかにかかわらず，法定相続分（民法900，901）を超える部分については，対抗要件を備えなければ第三者に対抗することができない（民法899の2①）。したがって，ここでの相続登記申請義務を果たすことは，公法上の登記義務を履行することになるとともに，実体私法上の対抗力の取得の効果をも備えることになる。

iv　相続人申告登記による相続登記申請義務のみなし履行

　もっとも，この相続登記申請義務は，不動産所有権の登記名義人が死亡し，当該不動産の所有権（共有持分権を含む）を相続した者が，自分が相続人であることを申告することによっても，履行したものとみなされる（不登法76の3＊）。すなわち，──

　　「前条〔不登法76条の2＊〕第1項の規定により所有権の移転の登記を申請する義務を負う者は，法務省令で定めるところにより，登記官に対し，所有権の登記名義人について相続が開始した旨及び自らが当該所有権の登記名義人の相続人である旨を申し出ることができる」（不登法76の3①＊。下線は引用者による）。

　そして，その効果として，──

---

[152]　法定相続分に従って所有権取得登記をした後に，遺産分割によって法定相続分を超える所有権を取得した場合の登記手続の簡略化については，後述(3)参照。

　「前条〔不登法76の2 *〕第1項に規定する期間内に前項の規定による申出をした者は、<u>同条第1項に規定する所有権の取得（当該申出の前にされた遺産の分割によるものを除く。）に係る所有権の移転の登記を申請する義務を履行したものとみなす</u>」（不登法76の3②*。下線は引用者による）。

　このように、不動産登記法76条の2第1項*（前述ⅲ）によって所有権移転登記の申請義務を負う者が、登記官に対し、①所有権の登記名義人について相続が開始した旨、および②自らが当該所有権の登記名義人の相続人である旨を、相続登記申請期間（不登法76の2①*）内に申し出たときは、所有権移転登記の申請義務を履行したものとみなされる。

　ただし、不動産の登記名義人が死亡した後、当該不動産の所有権を遺産分割によって取得した相続人は、相続登記申請期間（不登法76の2①*）内に、遺産分割の結果を登記する義務を負う（前述ⅲ③参照）。この場合は、相続登記申請期間内に相続人申告登記をしても、所有権移転登記申請義務のみなし履行の効果は生じない（不登法76の3②括弧書*「当該申出の前にされた遺産の分割によるものを除く」）。相続登記申告期間内に遺産分割によって当該不動産の所有権を取得した以上は、その結果を同期間内に登記すべきだからである。

　相続人申告登記の申出があった場合、登記官は職権で、不動産登記簿の甲区（所有権に関する事項）の「権利者その他の事項」の欄に、相続開始を原因として、当該申出があった旨、当該申出をした者の氏名および住所、その者が所有権の登記名義人の「申告相続人」であること、その他法務省令で定める事項を、所有権の登記に付記する方法で付記登記（不登法4②）を行うことになる（不登法76の3③*）。もっとも、この相続人申告登記は、あくまでも①所有権の登記名義人について相続が開始したこと、および②自らが当該登記名義人の相続人であるという事実についての「**報告的な登**

記」である[153]。

　相続人申告登記の申出を行う者は，当該登記名義人の法定相続人であることを証する情報を提供しなければならいが，その持分の割合を証する情報を提供する必要はない。具体的には，申出人が法定相続人の１人であることが分かる限度での戸籍謄抄本を提供すれば足りる。したがって，登記名義人の配偶者であれば，現在の戸籍謄抄本，登記名義人の子であれば，登記名義人として被相続人である親の氏名が記載されている子の現在の戸籍謄抄本で足りる[154]。なお，相続人申告登記については，登記申請義務者の負担軽減を図るため，添付書面の簡略化に努めるほか，登録免許税を非課税とする措置等について検討を行うことが求められている[155]。

　もっとも，相続人申告登記は，前述したように相続した不動産についての持分を登記するものではない。したがって，相続人申告登記をした者が，その申出の後に，遺産分割によって所有権を取得したときは，当該遺産の分割の日から３年以内に，所有権移転登記を申請しなければならない（不登法76の3④＊）。前述したように，遺産分割の効果は相続開始時に遡るから（民法909本文），遺産分割によって所有権を取得した相続人は，それを相続によって（相続開始時に）取得したことになり，「相続により所有権を取得した者」（不登法76の2①前段＊）に当たることになるからである。しかも，その際には，相続人申告登記をした者は，法定相続分に応じた持分の相続登記もしていないときには，遺産分割による所有権取得が法定相続分を超えているか否かにかかわらず，遺産分割から３年以内に所有権移転登記を申請する義務を負うことに注意する必要がある[156]。

　他方，相続人申告登記をした者が，その後，遺産分割前に，法定相続分に従った相続登記をした場合であっても，すでに述べたように，その後に

153　中間試案 6.2⑶ア，部会資料 53・6-7 頁，要綱第２部第 1.1⑶注 1 参照。
154　部会資料 53・6 頁，要綱第２部第 1.1⑶注 2 参照。
155　衆議院法務委員会附帯決議 3，参議院法務委員会附帯決議 3。
156　部会資料 53・8 頁参照。

遺産分割をし，それによって法定相続分を超えて所有権を取得したときは，遺産分割のから3年以内に所有権移転登記をする義務を負うことになる（不登法76の3④括弧書＊）[157]。

v 不動産所有権の相続人が相続登記申請義務を免れる場合

もっとも，被相続人の債権者，相続人の債権者等の第三者が，債権者代位権（民法423）を行使し，相続人を代位して法定相続分での相続登記をした場合（不登法59 [7]），共同相続人の1人が保存行為として法定相続登記をした場合，または嘱託によって相続登記がされた場合（不登法116①）は，相続人はもはや相続登記申請義務を負わない（不登法76の2③＊，76の3⑤＊）。相続人に課される相続登記申請義務は，あくまでも相続登記を促進するための手段であるから，代位者等による申請または嘱託によって相続登記が行われた場合は，それによって目的が達成されているといえるからである。

例えば，Pから土地 a を相続した共同相続人A・Bのうち，Bの債権者Cが債権者代位権（民法423）を行使して，土地 a についてA・Bの法定相続分に従った登記をした場合，その後は，土地 a に対するBの持分権について差押登記が行われ，持分が競売され，買受人が共有物の分割を求める等の手続に移行することになる。この場合，権利関係は不動産登記上の公示としても明確になり，所有者不明土地が生じるおそれはないものと考えられる。

vi 小括

そこで，不動産所有権の登記名義人が死亡した場合において，当該不動産の所有権（共有持分権を含む）を取得した相続人としては，以下の3つの

---

157 前述 iii ④参照。

対応の中から，いずれかの方法を選択することになる（図表Ⅲ–1参照）。

　①　相続登記申請期間（不登法76の2①＊。前述ⅱ）内に，速やかに遺産分割を行い，遺産分割の結果を踏まえた登記をする[158]。特定財産承継遺言または相続人に対する遺贈によって所有権を取得した場合は，その旨の登記をする（前述ⅲ①～③参照）[159]。

　②　相続登記申請期間内に，法定相続分による相続登記をしておいて，その後遺産分割をし，その結果を登記する[160]。この場合，その後の遺産分割によって法定相続分を超えて所有権を取得した相続人は，遺産分割から3年以内に相続登記を申請する義務を負う（前述ⅲ④）。

　③　相続登記申請期間内に，不動産所有権の登記名義人が死亡し，自分が相続人であることを申し出る（前述ⅳ）。

　このうち，最も望ましいのは①であり，今次の民法および不動産登記法の改正も，相続人にこの①タイプの行動パターンを促す方向へのインセンティブを付与する規範的含意をもつとみることができる。それにより，相続登記申請義務は速やかに完全に履行されたことになるからである。したがって，相続開始後に速やかに遺産分割を行い，その結果を登記することを，できる限り促すようなインセンティブを創出する制度改革が望まれる[161]。しかし，実際には，遺産分割が速やかに進まないことも考慮に入れておく必要がある。

158　この場合における登記手続に関しては，遺産分割協議による場合は共同申請（不登法60），確定した遺産分割の調停または審判（登記義務の履行を命じるもの）による場合は登記権利者の単独申請（不登法63）になるものと解される。
159　この場合における登記手続の簡略化に関しては，後述(3)ⅰ参照。
160　この場合における登記手続の簡略化に関しては，後述(3)ⅱ参照。
161　改正法は，民法904条の3＊により，相続開始時から10年経過した後にする遺産分割については，原則として，特別受益者の相続分（民法903，904），および寄与分（民法904の2）の規定が適用されないことになることを通じて，間接的に，遺産分割を促すにとどまっている。この点については，後述(5)参照。

図表 III -1　不動産所有権の相続登記の申請方法

①	相続登記申請期間内における遺産分割・特定財産承継遺言・相続人への遺贈の登記
②	相続登記申請期間内における法定相続分の登記＋遺産分割の登記（遺産分割から 3 年以内）
③	相続登記申請期間内における相続人申告登記＋遺産分割の登記（遺産分割から 3 年以内） 相続登記申告期間内における相続人申告登記＋法定相続分の登記＋遺産分割の登記（遺産分割から 3 年以内，更正登記）

出典：筆者作成。

　そこで，②のように，相続登記申請期間内に，ひとまず法定相続分（民法900，901）による相続登記をしておくことが考えられる。しかし，その場合には，その後遺産の分割によって自己の法定相続分を超えて所有権を取得した者は，遺産分割の日から 3 年以内に，所有権移転登記を申請する義務を負うものとされたこと（不登法76の2②＊）に留意する必要がある[162]。したがって，とりあえず法定相続分に従って登記しておけば，相続登記申告義務は果たされる，ということではなく，その後に遺産分割が必要になる場合には，遺産分割後 3 年以内に登記申請する義務をなお負っていることが看過されてはならない[163]。

　さらに，遺産分割前に法定相続分に従って登記すれば，ひとまず相続登記申請義務を果たしたことになるという意識が，かえってその後速やかに遺産分割を行ってその結果を登記することへのインセンティブを欠いてしまうことも懸念される。その間に，共同相続人についてさらに相続が開始し，遺産分割が一層困難になることも考えられる。

　また，③のように，相続登記申請期間内に，不動産所有権の登記名義人が死亡し，自分が相続人であることを申し出た場合（相続人申告登記），たしかにこれによっても相続登記申請義務を履行することができる（前述iv）。

162　登記申請義務を怠った場合の制裁については，後述(2)参照。
163　いったん法定相続分に応じて所有権取得登記をした後に，遺産分割によって法定相続分を超える所有権を取得した場合の登記手続の簡略化については，後述(3)ii参照。

しかし，この者がその後「遺産の分割によって所有権を取得したとき」は，その前に法定相続分による相続登記がされていない限り，遺産分割の日から3年以内に所有権移転登記の申請義務を負う（不登法76の3④＊）[164]。この場合には，遺産分割による所有権取得（その効果は相続開始時に遡る。民法909本文）が生じたにもかかわらず，法定相続分による所有権取得の登記すらされていないのであるから，法定相続分（民法900，901）を超えて所有権を取得したか否かにかかわらず，遺産分割から3年以内に所有権移転登記を申請する義務を負うことに注意する必要がある。

　こうしてみると，今次の不動産登記法改正による相続登記申請の義務化が，所有者不明土地の発生を予防する効果をもつかどうかは，最終的には，相続登記の申請がされることだけとどまらず，それと連動して，遺産分割がどれだけ円滑に促進されるかにかかっている，と考えられる[165]。この意味では，不動産の登記名義人が死亡した場合には，その相続人は，相続開始および当該不動産についての所有権取得を知った日から3年以内に，遺産分割を済ませてその旨を登記することが最も望ましい，という規範意識が形成されることを促すインセンティブを強める方策が重要になるものと思われる。

　ちなみに，衆議院・参議院の各法務委員会は，「遺産分割協議が行われ，その結果を登記に反映させることは確定的な権利帰属を促進し，不動産所有権の分散の防止につながるもので，本改正〔令和3年民法改正等〕の趣旨にも沿うものである」との認識に立ち，「関係機関及び専門職者は連携体制を強化し，その促進に向けて，積極的に周知広報を行う」べき旨を附帯決議していることにも留意すべきである[166]。

164　所定の期間内に相続人申告登記をした者が，遺産分割をする前に，法定相続分による登記をしたときは，その後に行われる遺産分割の日から3年以内に所有権移転登記を申請する義務を負うものと解される（不登法76の2②＊）。もっとも，この場合には，更正登記の方法によることができる（後述(3)ⅱ参照）。
165　遺産分割自体を促進するための方策としては，民法904条の3＊，前述Ⅱ5(3)参照。
166　衆議院法務委員会附帯決議5，参議院法務委員会附帯決議5。

(2)　相続登記申請義務を怠った場合のサンクション

　不動産の登記名義人の相続人に相続登記を促すという目的の達成手段として，インセンティブの付与とディスインセンティブの付与の双方の手段がワン・パッケージとして導入された。すなわち，一方では，前述した公法上の登記申請義務を履行しなかった場合の制裁（相続登記申請義務懈怠に対するディスインセンティブ）として，相続登記申請義務のある者が，相続の開始を知り，かつ当該不動産の所有権（共有持分権を含む）を取得したことを知った日から 3 年以内（不登法 76 の 2 ①・②＊，76 の 3 ④＊）に，「**正当な理由**」がないにもかかわらず登記申請を怠ったときは，10 万円以下の過料に処されるものとされた（不登法 164 ①＊）[167]。

　もっとも，この「正当な理由」についての法務局の判断や裁判所に対する過料事件の通知の手続など，過料の制裁の運用に際しては，透明性と公平性の確保に努めること，DV 被害者の状況，経済的困窮の状況など，実質的に相続登記申請が困難な者の事情等を踏まえた柔軟な対応を行うことが求められている[168]。

(3)　登記手続の簡略化等

i　相続人に対する遺贈による所有権移転登記

　他方では，相続登記を促すインセンティブを付与する制度として，相続等に関する登記手続の簡略化が図られた。

　まず，相続人に対する遺贈による不動産所有権移転登記は，登記権利者（受遺者）が単独で申請することが認められた（不登法 63 ③＊，不登法 60 の例外）。したがってまた，今次の改正は，相続人への遺贈による不動産所有

167　中間試案 6.2 (2)，部会資料 38・第 1.2 (2)，部会資料 53・第 2 部第 1.1 (2)参照。
168　衆議院法務委員会附帯決議 2，参議院法務委員会附帯決議 2。

権移転以外の権利変動に関する登記・登録も含めて，相続を契機とする権利取得者について全面的に単独申請を認める趣旨ではないことに留意する必要がある[169]。このことは，今次の不動産登記法改正が，所有者不明土地・建物の発生予防を主眼とするという立法政策に立脚するものであることを示している。

ⅱ　法定相続分による相続登記がされた場合

不動産の登記名義人が死亡した場合に，法定相続分に従った相続登記が行われ，その後に遺産分割がされた場合，法定相続分を超えて所有権を取得した者は，遺産分割から3年以内に所有権移転登記を申請しなければならない（不登法76の2②＊。前述(1)ⅲ④）。この方法による遺産分割の登記申請義務の履行を促すインセンティブとして，この場合には登記権利者が単独で**更正登記**の方法によって遺産分割の結果を反映した登記を申請することができる旨が提案された[170]。この提案は，法定相続分による登記をした後に，遺産分割の結果を反映した登記を申請するときは，持分権の移転による移転登記（したがって，持分権を移転する登記義務者と持分権を取得する登記権利者との共同申請となる）とする現在の登記実務を変更するとともに，暫定措置としての法定相続分による相続登記へのインセンティブにもなると考えられたものである[171]。

その後，法定相続分での相続登記がされている場合において，以下①～④の登記をするときは，「更正の登記によることができるもの」としたうえで，「登記権利者が単独で申請することができる」とし，これを「不動産登記実務の運用により対応する」ことが提案された[172]。それは，法定相

169　中間試案 6.3(1)，部会資料 38・第 1.3(1)，部会資料 53・9 頁参照。

170　中間試案 6.3(2)，部会資料 38・第 1.3(2)，部会資料 53・第 2 部第 1.1(5)，部会資料 60・第 1.1(5)本文参照。

171　もっとも，それに対しては，法定相続分による登記がされたまま，遺産分割へのインセンティブを欠いてしまうことが懸念される。前述(1)ⅵ参照。

172　部会資料 62・第 2 部第 1.1(5)。

続分での相続登記がされた後の，①遺産分割の協議または審判もしくは調停による所有権の取得に関する登記，②他の相続人の相続の放棄による所有権の取得に関する登記，③特定財産承継遺言による所有権の取得に関する登記，④相続人が受遺者である遺贈による所有権の取得に関する登記である。これは，これらの登記，特に①の登記は，必ずしも更正の登記（不登法67）によらなくとも，現在の実務と同様に，登記義務者と登記権利者の共同申請により，所有権移転の登記をすることも妨げられるものではないと考えられることから，その趣旨を明確にしたものである[173]。

iii　登記手続の負担軽減

さらに，所有者不明土地等問題の解決を促すべく，相続登記についての登録免許税の減免および添付書面の簡略化について，必要な措置を検討することが求められている[174]。

(4)　所有不動産記録証明書の交付等

相続登記へのインセンティブの1つとして，①不動産の所有権の登記名義人，および②不動産の所有権の登記名義人について死亡，法人の合併等の一般承継があった場合における相続人等の一般承継人は，当該不動産の登記名義人が現在の登記名義人となっている所有不動産の一覧を証明書として発行することを請求することができる制度（**所有不動産記録証明制度**）が導入された（不登法119の2①＊，②＊）[175]。

このうち，前記②の者は，特定の自然人について相続が発生し，または特定の法人が合併する等して一般承継が発生した場合に，当該自然人また

173　部会資料62-2・1-2頁。
174　衆議院法務委員会附帯決議3，参議院法務委員会附帯決議3。
175　中間試案6.4②，部会資料38・第1.4，部会資料53・第2部第5.4，要綱第2部第5.4でも維持された。

は法人が登記名義人となっている不動産を一括して把握することにより（不登法119の2②＊），登記名義人の相続人等の一般承継人が，相続登記等，所有権の一般承継の登記が必要となる不動産を把握することを容易にし，相続登記等の一般承継の登記申請に関連するコストを軽減することを通じて，相続登記等の一般承継による登記を促すインセンティブとなりうる。これにより，相続登記等の登記漏れを防ぐ効果が生じることが期待されている。

　また，前記①の者については，不動産の登記名義人について相続や合併が発生したする前に，自然人であれ法人であれ，本人自身が所有する不動産を「一覧的」に確認することができるようにする手段ともなりうる（不登法119の2①＊）。

　すなわち，一方で，[1]何人も，登記官に対し，手数料を納付して，自らが所有権の登記名義人（これに準ずる者として法務省令で定めるものを含む）として記録されている不動産に係る登記記録に記録されている事項のうち法務省令で定めるもの（記録がないときは，その旨）を証明した書面（「**所有不動産記録証明書**」という）の交付を請求することができる（不登法119の2①＊）。

　他方で，[2]相続人，その他の一般承継人は，登記官に対し，手数料を納付して，被承継人に係る所有不動産記録証明書の交付を請求することができる（不登法119の2②＊）。

　前記[1]・[2]いずれの場合も，代理人による交付請求を許容することを前提にしている[176]。所有不動産記録証明書の交付請求は，法務大臣の指定する登記所の登記官に対し，法務省令で定めるところにより，することができる（不登法119の2③＊）。

　前記[1]・[2]における手数料の額は，物価の状況，登記事項証明書の交付に要する実費，その他一切の事情を考慮して政令で定められる（不登

176　要綱第2部第5.4注2参照。

法119③, 119の2④＊）。また，その手数料の納付は，収入印紙をもってしなければならない（不登法119④本文，119の2④＊）[177]。

　もっとも，所有不動産記録証明制度は，証明書の交付請求に係る登記名義人の氏名または名称および住所等の現在の情報に基づいてシステム検索を行った結果を「一覧的」に証明するものである。そして，その情報源となる現在の登記記録における所有権の登記名義人の氏名または名称および住所についての記録は，過去の一定時点のものであって，必ずしも当該情報が更新されていることを保障するものではない。その結果，証明書の交付請求に係る登記名義人が所有する不動産の「網羅性」を保障するものではなく，それには技術的限界があることが前提となっている[178]。

(5)　所有権の登記名義人の権利能力の喪失に関する登記所の権限の拡大

i　所有権の登記名義人の権利能力の喪失に関する符号の表示

　不動産所有権の登記名義人の相続人に相続登記の申請を義務づける一方で，登記官の側にも所有権の登記名義人の権利能力の喪失に関する情報を入手し，職権でそれを登記に反映させることができる制度も導入された。

　登記官は，「所有権の登記名義人」[179]が「権利能力を有しないこととなった」と認めるべき場合として法務省令で定める場合には，法務省令で定めるところにより，職権で，当該所有権の登記名義人についてその旨を示す「符号」を表示することができる（不登法76の4＊）[180]。

　そして，登記官は，この職権による登記をするために必要な限度で，関

177　ただし，法務省令で定める方法で登記事項証明書の交付を請求するときは，法務省令で定めるところにより，現金をもって手数料を納付することができる（不登法119④ただし書，119の2④＊）。
178　要綱第2部第5.4注1参照。
179　法務省令で定めるものに限る（不登法76の4＊）。
180　部会資料38・第2.2，要綱第2部第1.2参照。

係地方公共団体の長，その他の者に対し，その対象となる不動産の所有者等（所有権が帰属し，または帰属していた自然人または法人（法人でない社団または財団を含む）に関する情報の提供を求めることができる（不登法151＊）[181]。

ⅱ　登記所による死亡情報の入手

さらに，登記官は，自然人については，**住民基本台帳ネットワークシステム**に照会して，所有権の登記名義人の死亡情報等を取得し[182]，職権で不動産登記に反映することができる新たな仕組みが創設された[183]。

その前提として，自然人である所有権の登記名義人は，登記官に対し，自らが所有権の登記名義人として記録されている不動産について，氏名および住所の情報に加え，**生年月日等**の**検索用情報**を提供しなければならないものとされた[184]。もっとも，この検索用情報は登記記録上に公示せず，登記所内部において保有するデータとして扱われる。

これに基づき，登記官は，氏名，住所および検索用情報を検索キーとして，住民基本台帳ネットワークシステムに定期的に照会を行う等して，自然人である登記名義人の死亡等の事実を把握することができる。

181　中間試案6.1，部会資料38・第1.1，第2.2参照。なお，登記名義人について死亡情報を入手した登記所は，当該登記名義人の最後の住所地宛てに相続登記を促す通知を送付する等の措置も検討された。中間試案6.1，部会資料38・第1.1。
　　　登記官の情報提供請求権は，不動産登記法14条1項の地図を作成するために必要な限度にも及ぶ（不登法151＊）。
182　登記官による自然人の氏名・住所の変更登記に関しては，後述2(2)参照。また，法人については，商業・法人登記システムから情報を入手し，名称・住所の変更登記を行うことができる。後述2(2)(3)参照。
183　部会資料38・第2.3，要綱第2部第3参照。
184　検索用情報の提供義務に関しては，①この新たな仕組みを定める規定の施行後に，新たに所有権の登記名義人となる者は，登記申請の際に，生年月日を含む検索用情報の提供を必ず行うことが求められる。これに対し，②当該規定の施行前にすでに所有権の登記名義人となっている者は，その不動産の特定に必要な情報，自己が当該不動産の登記名義人であることを証する情報および検索用情報の内容を証する情報とともに，検索用情報の提供を，任意に行うことができるものとされた。要綱第2部第3（注）。

2 登記名義人の探索・特定を容易にするための法改革

(1) 登記名義人の氏名・名称および住所の変更の登記義務

所有者不明土地を発生させる原因として，相続が生じても登記がされないことと並んで，住所変更等をしたにもかかわらず，登記所に住所変更届等をしないために，登記簿の住所が旧住所のままになっていることが少なくないことが考えられる[185]。そこで，登記名義人の氏名（自然人の場合）・名称（法人の場合）および住所の情報の更新を図るための仕組みが導入された。

まず，不動産の所有権の登記名義人に，**氏名・名称および住所の変更**が生じた場合に，変更日から 2 年以内に，**変更の登記**を申請することが義務づけられた[186]。すなわち，所有権の登記名義人の氏名（自然人の場合）もしくは名称（法人の場合）または住所について変更があったときは，当該所有権の登記名義人は，その変更があった日から 2 年以内に，氏名・名称または住所についての変更の登記を申請しなければならない（不登法 76 の 5＊）。そして，「正当な理由」なしに申請を怠ったときは，5 万円以下の過料に処される（不登法 164 ②＊）。

(2) 登記所による登記名義人の氏名・名称および住所の変更情報の入手

改正不動産登記法は，登記名義人の側に氏名・名称または住所の変更登記申請義務を課す一方で，登記所の側にも，他の公的機関から登記名義人

---

185 前掲注 146 参照。
186 中間試案 7.1，部会資料 38・第 2.1，要綱第 2 部第 2.1 ①参照。

の氏名・名称および住所の変更情報を入手し，不動産登記に反映させる権限を付与した[187]。

　すなわち，登記官は，所有権の登記名義人の氏名もしくは名称または住所について変更があったと認めるべき場合として法務省令で定める場合には，法務省令で定めるところにより，職権で，氏名もしくは名称または住所についての変更の登記をすることができる（不登法76の6本文＊）。ただし，当該所有権の登記名義人が自然人であるときは，その申出があるときに限られる（不登法76の6ただし書＊）。

(3)　法人に関する登記事項の追加

　不動産の所有権の登記名義人が法人である場合は，「**会社法人等番号**」（特定の会社，外国会社その他の商人を識別するための番号。商業登記法7），その他の特定の法人を識別するために必要な事項として法務省令で定めるものが，登記事項として追加された[188]（不登法73の2①[1]＊）[189]。

(4)　所有権の登記名義人が日本国内に住所をもたない場合に所在の把握を容易にするための措置

ⅰ　国内連絡先に関する登記事項の追加

　所有権の登記名義人が外国に住所を有する等，日本国内に住所を有しない場合における所在の把握を容易にするために，**日本国内における連絡先**を登記事項に加えることが検討された[190]。その結果，所有権の登記名義人

187　中間試案7.2，部会資料38・第2.2，要綱第2部第3参照。
188　中間試案10.1，部会資料35・第2.1，要綱第2部第5.1参照。
189　この登記に関して必要な事項は，法務省令で定められる（不登法73の2②＊）。
190　中間試案10.2①。なお，外国に住所を有する外国人が所有権の登記名義人となろうとする場合に必要な住所証明情報を，外国政府等の発行したものに限定することが提案された（中間試案10.2②，部会資料35・第2.2，後述ⅱ参照）。

が国内に住所を有しないときは，その国内における連絡先となる者の氏名
または名称および住所その他の国内における連絡先に関する事項として法
務省令で定めるものを登記しなければならないものとされた（不登法73の
2①［2］＊）[191]。

　なお，日本国内における連絡先として，第三者の氏名または名称および
住所を登記する場合は，当該第三者の承諾があること，および当該第三者
は日本国内に住所を有するものであることが必要となる[192]。

　一方，連絡先となる者の氏名または名称および住所等の登記事項に変更
があった場合は，所有権の登記名義人のほかに連絡先として第三者が登記
されているときは，当該第三者が単独で変更の登記の申請をすることがで
きるものとされた[193]。

ii　外国に住所を有する外国人が所有権の登記名義人になろうとする場合の住所証明情報

　さらに，所有権の登記名義人となろうとする者が，**外国に住所を有する
外国人（法人を含む）**である場合には，その際に必要となる住所証明情報は，
①外国政府等の発行した住所証明情報，または②住所を証明する公証人の
作成に係る書面（外国政府等の発行した本人確認書類の写しが添付されたものに限
る）のいずれかでなければならないものとされた[194]。

191　この登記に関して必要な事項は，法務省令で定められる（不登法73の2②＊）。
192　要綱第2部第5.2(1)注1参照。
193　要綱第2部第5.2(1)注2参照。
194　要綱第2部第5.2(2)参照。

3　登記義務者の所在不明の場合における 権利に関する登記の抹消等

⑴　除権決定による権利に関する登記の抹消等

　不動産登記情報の更新を容易にする方法の１つとして，登記名義人が所在不明であるために，権利に関する登記の抹消ができなくなっている状態を解消する方策が検討されてきた[195]。とりわけ，登記義務者の所在が知れない場合等における登記手続の簡略化，および実質を喪失している法人が登記名義人となっている担保権登記の抹消手続の簡略化が焦点になった。その結果，改正不動産登記法は，以下のような規律を設けた。

　登記権利者は，①共同して登記の抹消の申請をすべき者（登記義務者）の「所在が知れないため」，その者と共同して権利に関する登記の抹消を申請することができないときは，**公示催告**の申立て（非訟法99）をすることができるものとされている（不登法70①＊。傍点は引用者による）。そして，②公示催告の手続（非訟法100～105）に従い，公示催告の申立てに係る権利につき失権の効力を生ずる旨の裁判（**除権決定**。非訟法106①）を得ることができる。

　改正不動産登記法は，この権利に関する登記が，地上権，永小作権，質権，賃借権もしくは採石権に関する登記，または買戻しの特約（民法579。不動産売買契約と同時に付される特約）に関する登記であり，かつ登記された存続期間または買戻しの期間が満了している場合において，相当の調査が行われたと認められるものとして，法務省令で定める方法によって調査を行っても，なお共同して登記の抹消の申請をすべき者の所在が判明しないときは，その者の「所在が知れないものとみなして」，この場合にも公示

195　中間試案9.1，9.2，部会資料35・第2，要綱第4部参照。

120

催告の申立てをすること（不登法 70 ①＊）を認めたものである（不登法 70 ②
＊。傍点は引用者による）。

　この場合において，除権決定（非訟法 106 ①）があったときは，当該登記
権利者は，共同申請の原則（不登法 60）の例外として，登記の抹消を単独
申請することができる（不登法 70 ③＊）。

(2)　買戻しの特約に関する登記の抹消

　買戻しの特約に関する登記がされている場合については，公示催告の申
立てによる除権決定を得なくとも，契約の日から 10 年を経過したとき
も[196]，共同申請の原則（不登法 60）の例外として，登記権利者は，当該登
記の抹消を単独申請することができることも認められた（不登法 69 の 2＊）。

(3)　解散した法人の担保権に関する登記の抹消

　登記権利者は，共同して登記の抹消の申請をすべき法人が解散し，相当
の調査が行われたと認められるものとして，法務省令で定める方法（不登
法 70 ②＊）によって調査を行っても，なおその法人の清算人の所在が判明
しないため，その法人と共同して先取特権，質権または抵当権に関する登
記の抹消を申請することができない場合において，被担保債権の弁済期か
ら 30 年を経過し，かつその法人の解散日から 30 年を経過したときは，
共同申請の原則（不登法 60）の例外として，当該登記の抹消を単独申請す
ることができるものとされた（不登法 70 の 2＊）。

196　買戻しの期間は 10 年を超えることができず，特約でこれより長い期間を定めても，買戻
　　期間は 10 年とされる（民法 580 ①）。買戻しの期間を定めたとき（10 年を超えられない）は，
　　その後にこれを伸長することができず（民法 580 ②），期間を定めなかったときは，5 年以内
　　に買戻しをしなければならない（民法 580 ③）。

⑷　所有権の登記名義人が所在不明等の場合における残された課題

　所有権の登記名義人が所在不明等の場合における登記手続の簡略化に関しては，さらに課題も残されている。

　例えば，所有権の登記名義人が死亡し，相続人が所在不明または特定不能の場合，土地の占有者が所有者不明土地管理人の選任を申し立て，この者を相手に時効取得を主張して訴えを提起し[197]，勝訴の確定判決を得たとしても，移転登記手続をどのように請求しうるかが問題になる。時効取得は，原始取得ではあるが，時効取得を原因とする所有権移転登記の申請は，共同申請（不登法60）によるものとされている。そこで，登記義務者の所在が知れない場合は，登記義務者の不在者財産管理人，相続財産管理人，または所有者不明土地管理人を選任し，その者を被告にして所有権移転登記手続請求訴訟を提起して勝訴の確定判決を得ることにより，単独申請することになる（不登法63①）。

　その際には，①取得時効の起算日後に所有権の登記名義人が死亡して相続が開始した場合と，②取得時効の起算日前に同登記名義人が死亡して相続が開始していた場合がある。そして，②の場合には，所有権の登記名義人が死亡した日から時効の起算日までの間，所有権は相続人に帰属していたことになるから，相続登記が未了の場合，時効取得を原因とする所有権移転登記を申請する前提として，相続人への相続による所有権移転登記を要するものとされている[198]。しかし，相続人の特定不能または所在不明の場合，相続人への相続登記は容易でないし，相続人について二次相続が生じている場合はなおさらである。一方，時効取得が原始取得であることに鑑みれば，相続による所有権移転登記をしてから時効取得者への移転登記をするのは迂遠であり，登記名義人から直接に時効取得者に移転登記でき

197　中間試案第2.1⑴イ⑤参照。
198　登記研究455号89頁質疑応答6639。

るものとすべきかが問題になる[199]。

そこで，登記名義人が死亡し，その相続人が特定不能または所在不明の場合も，公示催告による除権決定の手続を用いることができるかどうかが検討された[200]。しかし，その後，登記実務の運用上の整理を含め，慎重に検討すべきであるとして，中間試案のたたき台の段階で，検討項目から削除された[201]。

しかし，この問題は，依然として土地所有権制度におけるミッシング・リンクの1つとして，今後ルールを明確化すべきものであると考えられる。その際には，土地所有者等が負うべき責務としての，土地の権利関係を明確にすべき責務（令和2年改正土基法6②）の具体化という視点も考慮に入れる必要がある。

---

199 在り方研報告書 35-36 頁，金融財政事情研究会編 2019: 37-38 頁，393 頁参照。

200 公示催告・除権決定の手続の利用可能性につき，部会資料 9・第 5.1 (1) ア【乙案】，イ参照。
   なお，在り方研報告書 33-36 頁，金融財政事情研究会編 2019: 35-38 頁，391-393 頁も参照。

201 部会資料 19・第 4.3 補足説明（33-34 頁）。

4　不動産登記情報の公開基準の合理化

(1)　被害者保護のための住所情報の公開の見直し

　不動産の所有者が不明状態となることを回避するために，不動産登記情報を充実させ，その活用を図る一方で，登記名義人のプライバシー，その他の利益を保護する観点から，不動産登記情報の公開に関する基準の合理化が図られた[202]。

　不動産登記法は，何人も，登記官に対し，手数料を納付して，登記記録に記録されている事項の全部または一部を証明した登記事項証明書およびその概要を記載した書面（以下，両者を併せて登記事項証明書等という）の交付を請求することができるものとしている（不登法119①・②）。改正不動産登記法は，これらの規定には変更を加えていない。

　しかし，DV等の被害者を保護するために，登記官は，前記規定（不登法119①・②）にかかわらず，登記記録に記録されている者（自然人に限る）の住所が明らかにされることにより，人の生命もしくは身体に危害を及ぼすおそれがある場合，またはこれに準ずる程度に心身に有害な影響を及ぼすおそれがあるものとして法務省令で定める場合において，その者からの申出があったときは，法務省令で定めるところにより，登記事項証明書等に，当該住所に代わるものとして法務省令で定める事項[203]を記載しなければならない（不登法119⑥＊）[204]。なお，このような方法によって現住所を非公開とする場合であっても，不動産登記における登記事項としての住所は，現在の住所であることに変わりはない[205]。

202　要綱第2部第5.3参照。

203　検討段階では，住所に代わる連絡先として，法務局，親族・知人，委任を受けた弁護士事務所，被害者支援団体等が検討された。部会資料12・8頁，部会資料19・2-3頁参照。

204　部会資料12・第2，部会資料19・第2，中間試案第2部第7.3，要綱第2部第5.5参照。また，後述ⅱの附属書類の閲覧請求に対しても，この住所情報の非公開に配慮する必要がある（部会資料12・9頁）。

(2) 登記簿の附属書類の閲覧等の基準の合理化

登記簿の附属書類の写しの交付，閲覧等について，現行法は次のような規律を設けている。①写しの交付については，何人も，登記官に対し，手数料を納付して，登記簿の附属書類（電磁的記録を含む）のうち，政令で定める「図面」の全部または一部の写し（電磁的記録の場合は，記録された情報の内容を証明した書面）の交付を請求することができる（不登法 121 ①）。②閲覧については，何人も，登記官に対し，手数料を納付して，登記簿の附属書類（電磁的記録の場合は，記録された情報の内容を法務省令で定める方法により表示したもの）の閲覧を請求できるが，①の図面以外のものについては，請求人が「利害関係を有する部分」に限る（不登法 121 ②）。

これに対し，改正不動産登記法は，閲覧の可否の基準を合理化する観点等から，121 条を以下のように一部修正した。

① 登記簿の附属書類の**写しの交付**については，現行法を維持し，何人も，登記官に対し，手数料を納付して，登記簿の附属書類（電磁的記録を含む）のうち，政令で定める「図面」の全部または一部の写し（電磁的記録の場合は，記録された情報の内容を証明した書面）の交付を請求することができる（不登法 121 ①）。

② 登記簿の附属書類の**閲覧**については，何人も「**正当な理由**」があるときは，登記官に対し，法務省令で定めるところにより，手数料を納付して，登記簿の附属書類の全部または一部（その「正当な理由があると認められる部分」に限る）の閲覧を請求することができるものとした（不登法 121 ③*）。

ただし，「**自己を申請人とする登記記録**」に係る登記簿の附属書類については，登記を申請した者は，登記官に対し，法務省令で定めるところに

より，手数料を納付して，閲覧を請求することができる（不登法121④＊）。

　なお，登記簿の附属書類のうち，政令で定める「図面」（電磁的記録の場合は，記録された情報の内容を法務省令で定める方法により表示したもの）については，何人も，登記官に手数料を納付し，閲覧を請求することができる（不登法121②＊）。

Ⅳ 土地所有権の国庫への帰属の承認等に関する制度の創設

1　相続土地国庫帰属法の立法の経緯と意義

(1)　土地所有権の放棄の可否

　所有者不明土地の発生予防措置として，所有者不明土地の潜在的な発生源であるといえる，所有者が所有権放棄の要望をもつ土地について，土地所有権の放棄を認めるべきか否かが議論された。

　ちなみに，土地所有権の放棄の可否および放棄後の帰属先について，ドイツ民法は928条で[206]，フランス民法は544条の解釈と713条（2016年改正）で明確に規定している[207]。これに対し，日本民法には一般的な規定がない。民法287条は，承役地の所有者が工作物の設置・修繕義務を免れるために，「地役権に必要な土地の部分の所有権を放棄して地役権者に移転」することを認めるにとどまる。その他権利の放棄に関する規定は，共有持分権（民法255①），地上権（民法268①），永小作権（民法275）と，所有権以外の権利で，かつその帰属先が他の共有者または所有者と明らかな場合に認められている。そこで，土地所有権を放棄できるかできないかは，動産所有権の放棄が認められることも考慮して，どのように解釈すべきか，賛否両論ある。政府見解では崩壊寸前の崖地の事例で否定的見解[208]，裁判例は一般論としては否定しないものの，多くの場合が権利濫用（および公序良俗違反）を理由に否定している[209]。そこには，日本における土地所有制度の歴史的な発展経緯や，地券制度の導入後における土地をめぐる私人の権利・義務と国家の権限・責務との関係が曖昧に推移した事情が反映していると思われる。それにより，日本法における土地所有権の放棄は，(a)

206　ドイツ民法における土地所有権の放棄に関し，部会参考資料2・2-6頁（藤巻梓），朝日新聞取材班 2019: 205-208 頁参照。
207　フランス民法における土地所有権の放棄に関し，部会参考資料3・23-27頁（原恵美），小柳 2021: 157-243 頁，307-335 頁参照。
208　昭和41年8月27日付民事甲第1953号民事局長回答。
209　裁判例につき，松尾 2019d: 76-77 頁参照。

土地に対する原有権（original property）を保持する国家に対して土地をいわば「お返しする」行為なのか，あるいは(b)いったんは完全に私有になった土地を国家（またはその他の公的機関ないし組織に）に新たに引き取ってもらうことを求める行為なのか，いずれかに断じ難い歴史的事情がある[210]。この点については，なおも検討の余地がある。

　土地所有者による土地所有権の放棄の主張に対し，どのような法的対応をすべきかを検討するに際しては，土地の利用価値が乏しいだけでなく，土地の維持・管理に多くの費用を要したり，土壌汚染等によって害悪を発生させる可能性のある土地について，安易な放棄を認めることによる土地所有者の**モラルハザード**の惹起をどのように回避できるかに留意する必要がある。また，国庫帰属となった土地を管理する費用の増大も考慮に入れなければならない。そこで，これらの点に配慮しながら，土地所有権を放棄したいという意思をもつ者の要望をどの範囲で認めるべきか，その要件の絞り方が議論の焦点になってきた。

　まず，土地所有権の放棄は，自然人に限ること，共有地については共有者全員が共同で放棄する必要があること，国の行政機関に事前審査を申請し，放棄の「認可」（行政行為）を得ることによって放棄が効力をもつという特別の意味の「放棄」とすることが提案された[211]。

　そして，「放棄」が認可されるための実体的要件としては，①土地の権利の帰属に争いがない，筆界が特定されている，②土地について第三者の使用収益権や担保権の設定がない，所有者以外の占有者がいない，③現状のままで土地を管理することが将来的にも容易な状態である（建物，その他土地の性質に応じた管理を阻害する工作物，埋設物，土壌汚染がない等），④土地所有者が審査手数料および土地の管理に係る一定の費用を負担する，⑤土地所有者が，相当な努力が払われたと認められる方法により土地の譲渡等を

210　松尾 2018b: 125-135 頁参照。
211　中間試案 5.1, 5.2 注 1・注 2。

しようとしてもなお譲渡等をすることができないことを要件とすることなどが検討された[212]。

このような検討のプロセスでは，(a)そもそも土地所有権の放棄ということは原則として認められないことを前提に，例外的にそれを認めるための方法を法律上設ける趣旨で検討するものなのか，反対に，(b)土地所有権の放棄も認められるのが原則であるが，土地という物の性質上，公共の利害に与える影響が大きいことから，公共の福祉に基づき，それを法律上制限するための制度を設ける趣旨なのか，原理的な問題も議論された[213]。

そうした中で，いずれの立場に立つ場合でも，土地所有権の放棄を認めるための要件をさらに絞り込むことが検討された。その結果，土地所有権の放棄認可が可能な土地として，その取得原因を相続（特定財産承継遺言を含む）または相続人への遺贈によって取得した土地に限ることが提案された。加えて，土地所有権の放棄者の国に対する損害賠償責任（放棄の認可時から5年以内。土地所有権放棄の要件が具備されていないことを過失なく知らなかった場合を除く）も加えられた[214]。

(2) 共有持分権の放棄との関係

土地所有権の放棄と密接に関連する現行法上の制度として，共有持分権の放棄に関する民法255条の見直しの要否も検討された[215]。

この点については，一般的に，共有持分を放棄するためには，他の共有者全員の同意を必要とするものとする【甲案】と，不動産に対象を絞り，共有不動産の共有持分を放棄するためには，他の共有者全員の同意を必要とするものとする【乙案】が提示された[216]。しかし，その後，法制審議会

212　中間試案 5.2。
213　部会資料 2，20，48，58 参照。
214　部会資料 36・第 1。
215　中間試案 5.3。

民法・不動産登記法部会第19回会議では，前記【甲案】と，共有持分の放棄については，新たな規律を設けないとする，新【乙案】が提示され，最終的に後者が採用された[217]。

(3)　相続土地国庫帰属法の制定とその意義

　土地所有権の放棄を実質的に認めるための制度化の方法としては，一方では，(a)これまで明確でなかった土地所有権の放棄（相手方のない単独行為）の有効性を正面から認め，その方法について規制を設けることにより，要件を満たした土地所有権の放棄の結果として土地が無主となり，国庫に帰属する（民法239②）ことを認める方法が考えられる。この場合，国は当該土地の所有権を原始取得することになる。

　他方では，(b)単独行為としての所有権の放棄ではなく，「相続を契機にして取得した土地の国への所有権移転」（承継取得）として，土地の所有者が売買・贈与・交換といった契約によらずに所有権を手放す方法も考えられる。この方法は，土地所有者が，契約によらずに，国または公的機関に対して土地所有権を帰属させることを申請し，その認可により，国または公的機関が土地所有者から土地所有権を承継取得するというものである。これは，(a)の方法と異なり，民法法理による土地所有権の変動の規律を超えるものと考えられる。

　最終的には，前記(b)の方法が採用され，「相続等により取得した土地所有権の国庫への帰属に関する法律」（令和3年4月28日法律25号）が制定された[218]。これは，土地所有者から法務大臣に対して土地所有権を国庫に帰属させたい旨の「申請」があった場合に，所定の要件の下でこれを「承

216　部会資料36・第2。
217　部会資料48・16-18頁。
218　相続土地国庫帰属法は，公布の日から起算して2年を超えない範囲内において，政令で定める日から施行される（同法附則1項）。

認」するという行政行為による所有権移転を認めるものである。他方で，民法には所有権の放棄に関する新たな規律は設けないものとされた[219]。

　相続土地国庫帰属法は，所有者不明土地（相当な努力を払ってもなおその所有者の全部または一部を確知することができない土地）の「発生の抑制」を図ることを目的として，法定相続または相続人に対する遺贈（以下，「相続等」という）によって土地の所有権または共有持分権を取得した者が，これを国庫に帰属させることを可能にする制度を創設するものである（相帰法1条）。

(4)　相続土地国庫帰属法の制定の含意

　このように，土地所有権の放棄（単独行為）を認める旨の規定を置く方法（前述(3)(a)）をとらず，土地所有権の移転を国に申請し，国の承認によって**土地所有権の承継取得**を認めるもの（前述(3)(b)）として，相続土地国庫帰属法を制定したことは，土地については，法令に特別の定めがある場合を除き，所有権を放棄することができないことを認めたことを意味するものであろうか。

　一方では，同法の制定により，今後は土地所有権を放棄することはできないという解釈が有力になるとの見方もある[220]。

　しかし，他方では，同法によって土地ないし不動産の所有権を放棄することができるか否かをめぐる民事ルールのあるべき姿について何らの決着がつけられたわけではないとの見方もある[221]。

　相続土地国庫帰属法それ自体は，土地の所有者または共有者による土地所有権またはその共有持分権の国庫帰属の申請を一定の要件の下で承認す

219　部会資料48・第1柱書，補足説明3-4頁，要綱第3部注1参照。
220　荒井2021: 218頁参照。また，要綱の背景には，不動産については，法令の定めがある場合を除き，その所有権を放棄することができないとの考え方があることは否定できないとの見方もある。潮見2021: 26頁。
221　潮見2021: 26頁。

ることを定めたものであり（図表Ⅳ-1参照），それ自体が土地ないし不動産の所有権の放棄の可否に関する解釈論を決定的に枠づけるものとは解されないし，解すべきではないようにも思われる[222]。

図表Ⅳ-1　相続土地国庫帰属の承認プロセス等

国庫帰属の要件・効果	内容	本書該当項目
承認申請要件の具備	(i) 承認申請権者であること (ii) 承認申請適格を欠く土地（下記①〜⑤）でないこと ①建物が存在する土地 ②担保権，使用・収益権が設定されている土地 ③通路，その他の他人による使用が予定される土地が含まれる土地（政令） ④土壌汚染対策法が定める特定有害物質によって汚染されている土地（法務省令） ⑤境界が不明の土地，所有権の存否・帰属・範囲について争いがある土地 (iii) 承認申請書を提出し，手数料を納付すること (iv) 事実の調査に応じること	Ⅳ2(1)i Ⅳ2(1)ii Ⅳ2(2) Ⅳ2(3)④
承認要件の具備	(i) 承認不適格事由に該当する土地（下記①〜⑤）に該当しないこと ①一定基準に該当する崖がある土地で，通常管理に過分の費用・労力を要する（政令） ②土地の通常の管理・処分を阻害する工作物，車両，樹木等が地上に存在する ③除去しないと土地の通常の管理・処分を不能にする有体物が地下に存在する ④隣地所有者等との争訟によらなければ通常の管理・処分ができない土地（政令） ⑤通常の管理・処分に過分の費用・労力を要する土地（政令） (ii) 必要な事実の調査，意見聴取等を行うこと	Ⅳ2(4)i Ⅳ2(4)ii
承認	法務大臣による。承認申請者への通知	Ⅳ2(4)iii
負担金の納付	相続土地の国庫帰属（承認申請者から国への所有権移転）	Ⅳ2(5)，(6)
国庫帰属地の管理・処分	財務大臣，農林水産大臣	Ⅳ3
承認の取消し	承認申請者の不正手段による承認，権利を取得した第三者の同意	Ⅳ4
損害賠償責任	承認申請不適格事由・承認不適格事由につき，承認時に悪意で不告知の申請者	Ⅳ5

出典：筆者作成。

222　この点に関しては，後述6で論じる。

2　土地所有権の国庫帰属の承認

⑴　承認申請の要件

ⅰ　承認申請権者

土地所有権の国庫帰属の申請ができるのは，相続[223]または相続人への遺贈により[224]，土地の所有権の全部または一部（共有持分）を取得した者である。この要件を満たす者は，法務大臣に対し，その土地の所有権を国庫に帰属させることの承認を申請することができる（相帰法2①）。ただし，土地が共有の場合は，共有者全員が共同して行わなければならない（相帰法2②前段）。もっとも，共有の場合，共有者の一部に共有持分の全部を相続等によらずに（例えば，売買等によって）取得した者（法人も含む）があったとしても，その者は，共有持分の全部または一部を相続等によって取得した共有者と共同して，承認申請をすることが可能である（相帰法2②後段）。

ⅱ　承認申請適格を欠く土地（承認申請不適格事由）

以下の5つに該当する土地については，そもそも国庫帰属の承認申請をすることができない（相帰法2③）[225]。すなわち，──

①　建物が存在する土地

②　担保権または使用・収益を目的とする権利が設定されている土地

③　通路，その他の他人による使用が予定される土地として政令で定めるものが含まれる土地

223　特定の土地を特定の相続人に相続させる遺言（特定財産承継遺言）によって土地所有権を取得した場合も含むと解される。

224　要綱第3部Ⅰ①参照。

225　これら5事由のいずれかに該当する場合は，承認申請の却下事由となる（相帰法4①［2］）。後述⑶参照。

④　土壌汚染対策法（平成14年法律53号）2条1項に規定する特定有害物質（法務省令で定める基準を超えるものに限る）によって汚染されている土地

⑤　境界が明らかでない土地，その他の所有権の存否，帰属または範囲について争いがある土地

(2)　承認申請書の提出および手数料の納付

承認申請者は，①承認申請者の氏名（自然人）または名称（法人）および住所，②承認申請に係る土地の所在，地番，地目および地積を記載した承認申請書（法務省令の定めによる）および，添付書類（法務省令の定めによる）を法務大臣に提出しなければならない（相帰法3①）。

また，承認申請者は，法務省令で定めるところにより，物価の状況，承認申請に対する審査に要する実費，その他一切の事情を考慮して政令で定める額の手数料を納めなければならない（相帰法3②）。

(3)　承認申請の却下事由

承認申請は，次の場合には却下される（相帰法4①）。すなわち，①承認申請権限（相帰法2①，②）をもたない者の申請による場合[226]，②承認申請不適格事由（相帰法2③）に該当する土地の場合[227]，③承認申請書もしくはその添付書類の提出または手数料の納付（相帰法3①，②）がない場合[228]，または④承認申請者が，正当な理由がないにもかかわらず，事実の調査（相帰法6）に応じない場合である[229]。

226　前述(I) i 。
227　前述(I) ii 。
228　前述(2)。
229　後述(4) ii ①。

⑷　法務大臣による承認

ⅰ　承認の要件

　承認申請が受理された場合，法務大臣は，承認申請に係る土地が，以下の①～⑤（**承認不適格事由**）のいずれにも該当しないと認めるときは，その土地の所有権の国庫への帰属について「承認をしなければならない」（相帰法5①）ものとされている[230]。

　① 　崖（勾配，高さその他の事項について政令で定める基準に該当するものに限る）がある土地で，通常の管理に過分の費用または労力を要するもの
　② 　土地の通常の管理または処分を阻害する工作物，車両または樹木その他の有体物が地上に存する土地
　③ 　除去しなければ土地の通常の管理または処分をすることができない有体物が地下に存する土地
　④ 　隣接する土地の所有者その他の者との争訟によらなければ通常の管理または処分をすることができない土地として政令で定めるもの
　⑤ 　①～④のほか，通常の管理または処分をするに当たり過分の費用または労力を要する土地として政令で定めるもの

　法務大臣による承認の要件に関する前記①～⑤の承認不適格事由は，承認申請の要件（消極要件）としての承認申請適格を欠く土地（前述⑴ⅱ①～⑤）と異なり，承認申請の受理後，必要な場合には法務大臣が職員に事実の調査（相帰法6。後述ⅱ）をさせたうえで判断される。もっとも，承認申請者が，正当な理由がないにもかかわらず，事実の調査に応じない場合は，承認申請が却下される（相帰法4①[3] ＊）。

230　なお，相続土地国庫帰属法に規定する法務大臣の権限は，法務省令で定めるところにより，その一部を法務局または地方法務局の長に委任することができる（相帰法 15①）。

ⅱ　承認審査のための事実の調査，資料の提供要求等，意見聴取

①　法務大臣は，承認申請に係る審査のために必要と認めるときは，その職員に**事実の調査**をさせることができる（相帰法6①）。その際，当該職員は承認申請に係る土地のみならず，その周辺の地域に所在する土地についても実地調査をし，承認申請者その他の関係者から事実を聴取し，資料の提出を求めることができる（相帰法6②）。また，法務大臣は，必要と認めるときは，それらの土地の占有者に予め知らせることにより，職員を土地に立ち入らせることができる（相帰法6③～⑦）。この立入りによって損失を被った者は，通常生ずべき損失の補償を国に請求できる（相帰法6⑧）。

②　法務大臣は，事実の調査（前述①）のため必要があると認めるときは，関係行政機関の長，関係地方公共団体の長，関係のある公私の団体，その他の関係者に対し，資料の提供，説明，事実の調査の援助，その他必要な協力を求めることができる（相帰法7）。

③　法務大臣は，承認をするときは，あらかじめ，当該承認に係る土地の管理につき，財務大臣および農林水産大臣の意見を聴かなければならない（相帰法8本文）[231]。

ⅲ　承認

法務大臣は，承認申請がされた土地につき，国庫帰属を承認することとしたとき，または承認しないこととしたときは，法務省令の定めに従い，承認申請者に通知しなければならない（相帰法9）。

国庫帰属の承認は，土地の一筆ごとに行われる（相帰法5②）。

231　ただし，承認申請に係る土地が主に農用地（農地法2①の農地または採草放牧地）または森林（森林法2①）として利用されている土地ではないと明らかに認められるときは，この限りでない（相帰法8ただし書）。

(5) 負担金の納付

　承認申請者は，法務大臣の承認があったときは，承認に係る土地につき，国有地の種目ごとにその管理に要する 10 年分の標準的費用の額を考慮して政令の定めによって算定された額の「**負担金**」を納付しなければならない（相帰法 10 ①）。負担金の額は，法務大臣が国庫帰属の承認を通知する際に，承認と併せて申請者に通知される（相帰法 10 ②）。承認申請者が負担金の額の通知を受けた日から 30 日以内に負担金を納付しないときは，承認は効力を失う（相帰法 10 ③）。

(6) 国庫帰属の時期

　法務大臣が国庫帰属を承認した土地の所有権は，承認の時ではなく，承認申請者による負担金の「**納付の時**」に国庫に帰属するものとされた（相帰法 11 ①）。これは，負担金の納付を確実にするという政策目的を達成するために，土地所有権の国庫帰属を負担金の納付に係らせるという法定効果を定めたものと解される。

　法務大臣は，承認に係る土地の所有権が国庫に帰属したときは，直ちにその旨を財務大臣に（当該土地が主に農用地または森林として利用されていると認められるときは，農林水産大臣に）通知しなければならない（相帰法 11 ②）。

3　国庫帰属地の管理・処分

　法務大臣の承認および承認申請者の負担金納付によって国庫に帰属した土地（国庫帰属地）は，国有財産として，国有財産法が適用され，管理・処分が行われる。同法によれば，普通財産（行政財産以外の一切の国有財産。国有財産法3③）は財務大臣が管理し，または処分しなければならない（国有財産法6）とされている。

　ただし，国庫帰属地のうち，主に農用地または森林として利用されている土地は，農林水産大臣が管理または処分する（相帰法12①）[232]。農林水産大臣が管理する土地のうちで，主に農用地として利用されている土地の管理および処分については，農地法45条（国が買収した土地・立木等の管理），46条1項（売払い），47条（売払い，所管換・所属替）および49条（立入調査）が準用される（相帰法12②）。その際，農地法46条1項または47条による農用地の売払いを原因とする所有権の移転については，農地法3条1項本文の規定は適用されず，農業委員会の許可を要しない（相帰法12③）。

　また，本法の規定によって農林水産大臣が管理する土地のうち，主に森林として利用されている土地の管理および処分には，国有林野の管理経営に関する法律・第2章（国有林野の貸付け，使用および売払いに関する。ただし，7条を除く）の規定（同法8〜8の4）が準用される（相帰法12④）。

232　なお，相続土地国庫帰属法に規定する農林水産大臣の権限は，農林水産省令で定めるところにより，その全部または一部を地方農政局長または森林管理局長に委任することができる（相帰法15②）。また，この規定によって森林管理局長に委任された権限は，農林水産省令で定めるところにより，森林管理署長に委任することができる（同法15③）。

4　承認の取消し

　法務大臣は，承認申請者が偽り，その他不正の手段によって承認（相帰法5①）を受けたことが判明したときは，これを取り消すことができる（相帰法13①）。法務大臣が承認を取り消したときは，法務省令の定めに従い，承認を受けた者にその旨を通知する（相帰法13④）。

　ただし，法務大臣は，取消しをする際には，あらかじめ当該国庫帰属地を所管する各省各庁の長（当該土地が交換，売払いまたは譲与によって国有財産〔国有財産法2①〕でなくなっているときは，当該交換等の処分をした各省各庁の長）の意見を聴かなければならない（相帰法13②）。

　さらに，当該取消しに係る国庫帰属地（交換，売払いまたは譲与によって国有財産でなくなっている土地を含む）の所有権を取得した者または当該国庫帰属地につき所有権以外の権利の設定を受けた者があるときは，これらの者の同意を得なければならない（相帰法13③）。この規定により，承認の取消しによる取引安全への影響は回避されるものと解される。

　例えば，Aが相続によって所有するに至った土地aにつき，国庫帰属の承認申請を行い，国庫帰属が承認された。その後土地aがBに売却され，Bが土地aにCのために抵当権を設定した。この場合において，Aの承認申請を取り消すためには，土地aについての現在の所有者Bおよび抵当権者Cの同意を得なければならない。

5　承認を受けた者の損害賠償責任

　承認（相帰法5①）に係る土地につき，当該承認の時に，承認申請不適格事由（相帰法2③。前述2⑴ⅱ①〜⑤），または承認不適格事由（相帰法5①。前述2⑷ⅰ①〜⑤）があったことにより，国に損害が生じた場合において，当該承認を受けた者が当該事由を知りながら告げずに承認を受けたときは，その者は，国に対して損害賠償責任を負う（相帰法14）。

6　相続土地国庫帰属法の展望

　私人である土地所有者が管理できなくなった土地は，放置されるのみで
あるから，どのような要件の下で，誰が管理すべきかは，いずれ規定を設
けなければならない問題である。したがって，この点について，土地所有
権の国庫帰属の申請と承認という形で特別法を設けたことには，画期的意
義がある。もっとも，同法が土地所有権の放棄の可否問題に完全に結着を
つけたものかというと，微妙なところがある。たしかに，国庫帰属の承認
申請ができるのに，それをせずに，かつ負担金も負わずに土地所有権を放
棄することは，公序良俗違反（民法90）ないし権利濫用禁止（民法1③）に
照らしても一層認め難いものになるとも解される。しかし，相続土地国庫
帰属法に基づく国庫帰属の承認申請をしたが，承認されなかった場合に，
不承認について行政争訟の方法をとらずに，あえて民法上の土地所有権の
放棄を主張し，提訴した場合，それがただちに却下ということになるかは，
個々の承認要件[233]に比較的判断の幅がありうることに鑑みても，難しい
面があるように思われる。すなわち，相続土地国庫帰属法は，承認申請権
者を相続等によって土地所有権を取得した者に絞ったうえで，承認申請要
件としての5事由（建物，権利設定，通路等，土壌汚染，境界等。相帰法2③）を
満たさないと承認申請が却下される（相帰法4①）のに対し，承認要件の5
事由（崖，地上・地下の工作物，争訟，その他過分の費用または労力。相帰法5①）
については，それが満たされている場合，法務大臣は「承認しなければな
らない」としている。しかし，実際には判断が微妙な事案も考えられるこ
とから，それをめぐる争いも予想されうる。

　一方，法務省民事局が2020年2月28日～3月4日に土地所有者に対
して行ったサンプル調査である「土地所有権放棄制度の利用見込等に関す

233　前述2⑷ⅰ参照。

る調査について」によれば，土地所有者の中で，土地所有権の放棄制度の利用を希望する者の率は 20.36％（宅地 13.16％，農地 22.19％，林地 25.81％），同制度の利用希望者の中で承認要件を満たすと見込まれる要件充足率は 4.51％（宅地 2.94％，農地 6.97％，林地 3.61％），その結果，土地所有者の中で放棄が見込まれる率は 0.95％（宅地 0.39％，農地 1.54％，林地 0.93％）と報告されている[234]。それによれば，土地所有者 1,000 人に 1 人弱の割合で，土地所有権の国庫帰属の承認がありうることも考えられる。

　相続土地国庫帰属法は，施行後 5 年経過後の施行状況を踏まえての検討が予定されている（附則 2 条）。そこでは，要件の再検討とともに，承認申請があった場合の「関係機関や地方公共団体との連絡・連携を密にし，土地の有効活用の機会を確保するよう，地域の実情に沿った運用に努める」ことについて，衆参法務委員会の附帯決議がされている（衆議院・参議院法務委員会附帯決議 1）。国庫帰属承認が認められた土地のすべてを国庫が抱えることは，管理可能性やコストに鑑みても実情に合わないように思われる面もあり，土地に最も関心が深い地域コミュニティへの帰属ルートについても，ルールの再検討が深まることが期待される。

234　部会参考資料 8。

Ⅴ おわりに

令和 3 年民法・不動産登記法
改正等の意義と課題

1 所有者不明土地問題への対応立法としての 包摂性・整合性・持続可能性

　土地は誰かが所有し，利用・管理し，移転するというサイクルの中で，様々な物やサービスを直接または間接に創出しながら，存在し続けてゆくものである。しかし，所有者不明土地は，そうした土地所有の担い手の円滑な移行サイクルを妨げている。そこに生じているミッシング・リンクを制度的に補完することは，たとえ人口の増加・減少，地価の高騰・下落等の様々な社会・経済事情の変化が生じたとしても，それらに柔軟に対応することができる，より持続可能性の高い土地所有制度を構築することに通じる。所有者不明土地問題は，そうした制度構築に向けたチャンスでもある。

　これまで概観したように，所有者不明土地問題に対する民事基本法制（および民事法務行政）の観点からの立法対応を検討した結果としての令和3年民法・不動産登記法改正等は，(ⅰ)所有者不明土地の発生予防（①不動産所有権の相続登記の申請の義務化・義務懈怠の制裁・手続の簡略化等，②不動産所有権の登記名義人の住所変更等の変更登記の申請の義務化，③不動産の登記名義人が日本国内に住所をもたない場合の措置，④不動産所有権の登記名義人の情報更新に関する登記所の権限の拡大，⑤遺産分割に関する期間制限，⑥相続土地の国庫帰属承認申請の制度化等），(ⅱ)所有者不明土地の円滑かつ適正な利用促進（①隣地使用権の承認等，②越境樹木の切除権の付与等，③不明共有者を除いた共有者による管理・変更を可能とする裁判制度，④共有物の変更の定義の明確化，⑤所有者不明土地管理人の制度，⑥管理不全土地管理人制度，⑦相続財産管理人・相続財産清算人の制度等），および(ⅲ)所有者不明土地の解消促進（①共有不動産の不明共有者の持分・譲渡権限の他の共有者による取得の裁判制度，②所有者不明土地管理人による処分，③共有物の賠償分割等）の各方策を導入した（図表Ⅴ-1参照）。これにより，所有者不明土地問題に対応するための法制度は，より包摂性の高いものになったといえる。

147

　もっとも，所有者不明土地問題への対応立法の面については，これらの立法が，その背景にある改正土地基本法が定める土地所有者等の責務（土基法 6 ①，②，③）および国・地方公共団体の責務（土基法 13 ⑤）の具体化ということを正統性および正当性の根拠にしていること，その点での整合性が図られているかどうかを検証してゆくことが重要である。すなわち，所有者不明土地問題に対応するための令和 3 年民法・不動産登記法改正等による立法措置（前述(i)～(iii)）は，いずれも特定不能または所在不明の所有者（共有地の共有者を含む）の所有権の効力を制限するものである。したがって，その制限の度合いが，制限の方法およびその手続をも考慮に入れたうえで，土地所有者等の責務および国の責務に適合するように解釈・適用し，必要であればさらなる法改正を検討する必要がある[235]。

　さらに，所有者不明土地問題への対応立法が真に実効性をもち，かつ持続可能性の高いものとなるためには，所有者不明土地問題を生み出す究極的要因として遺産分割の未了状態の継続ないし放置がどれだけ改善されるかにかかっているように思われる。この点について，令和 3 年民法・不動産登記法改正等が打ち出した遺産分割規範および相続登記申請規範（前述Ⅱ 5 (3)iv，Ⅲ 1 (1)vi）が，共同相続人の規範意識としてどの程度実際に定着するかが，鍵を握るようにも思われる。そして，そのためにも，相続財産の処分を促進しうる市場の発展，とりわけ，土地および住宅（中古住宅を含む）の売買または賃貸の市場の発達等，円滑な遺産分割をサポートするための周辺環境となる制度の整備も重要であると思われる。

235　例えば，共有不動産の不明共有者の持分取得等の裁判の制度（前述Ⅱ 2 (5)）に対し，なぜ不動産についてだけ認めるか，所在等が不明というだけで持分の剥奪を認めてよいか，所在等不明の定義が曖昧である等の批判的見解がある。伊藤 2020b: 131-132 頁。

図表 V -1　所有者不明土地問題への令和 3 年民法・不動産登記法改正等による対応

対応方策	令和 3 年民法・不動産登記法改正等による対応 （主な立法措置）	本書該当 項目
ⅰ　所有者不明土地の発生予防	①不動産所有権の相続登記の申請の義務化・義務懈怠の制裁・手続の簡略化等	Ⅲ 1 (1) (2) (3) (4)
	②不動産所有権の登記名義人の住所変更等の変更登記の申請の義務化	Ⅲ 2 (1)
	③不動産の登記名義人が日本国内に住所をもたない場合の措置	Ⅲ 2 (4)
	④不動産所有権の登記名義人の情報更新に関する登記所の権限の拡大	Ⅲ 1 (5)，Ⅲ 2 (2)
	⑤遺産分割に関する期間制限	Ⅱ 5 (3)
	⑥相続土地の国庫帰属承認申請の制度化	Ⅳ
ⅱ　所有者不明土地の円滑かつ適正な管理	①隣地使用権の承認等	Ⅱ 1 (2)
	②越境樹木の切除権の付与等	Ⅱ 1 (3) ⅱ
	③不明共有者を除いた共有者による管理・変更を可能とする裁判制度	Ⅱ 2 (2) ⅳ ア，Ⅱ (3) ⅱ
	④共有物の変更の定義の明確化	Ⅱ 2 (3) ⅰ
	⑤所有者不明土地管理人の制度	Ⅱ 3 (1) (3)
	⑥管理不全土地管理人の制度	Ⅱ 4 (1) (3)
	⑦相続財産管理人・相続財産清算人の制度	Ⅱ 5 (1) (2)
ⅲ　所有者不明土地の解消促進	①共有不動産の不明共有者の持分・譲渡権限の他の共有者による取得の裁判制度	Ⅱ 2 (5)
	②所有者不明土地管理人による処分	Ⅱ 3 (3) ⅳ
	③共有物の賠償分割	Ⅱ 2 (4) ⅰ

出典：筆者作成。

2　物権法理の展開と課題

　令和 3 年民法・不動産登記法改正等は，所有者不明土地問題に対処することを主眼としたものであるが，それを契機にして，物権法の一般法理にも深く関わる内容を含んでいる。その意義と今後の課題について，最後に再確認しておきたい。

ⅰ　物権変動法理について

　①令和 3 年民法・不動産登記法改正等は，不動産所有権の登記名義人が死亡した場合の相続登記申請義務を創設した。これは，不動産登記法による公法上の登記申請義務として，かつ相続による不動産所有権の取得に限定して設けられたものである（前述Ⅲ 1(1)ⅰ）。したがって，この登記義

務の創設は，物権変動の対抗要件主義（民法 177）と矛盾するものではなく，対抗要件主義に影響を与えるものではないと理解されている[236]。翻って，不動産に関する物権変動を登記に反映させる方法としては，登記効力要件主義を採用することも考えられるが，所有者不明土地の主要な発生原因と目される相続による所有権移転については，被相続人の死亡と同時に登記をすることができない以上，被相続人の死亡から登記までの所有権の帰属が問題となり，登記効力要件主義を貫くことは困難である[237]。こうして，不動産所有権の相続登記申請の義務化は，物権変動法理には影響しないものと解される。

　もっとも，民法上の対抗要件主義の対象である不動産所有権についての特定財産承継遺言，相続人への遺贈または遺産分割による法定相続分を超える持分の取得（民法 899 の 2 ①）のみならず，対抗要件主義の対象外と解されている法定相続分の取得についても，登記申請義務が課され，さらに，法定相続分による登記がひとまずされた場合であっても，その後に遺産分割が行われ，それによって法定相続分を超えて所有権を取得した共同相続人は，遺産分割の日から 3 年以内に所有権移転登記を申請する義務を負う（不登法 76 の 2 ②＊）とされたことに，留意する必要がある（前述Ⅲ 1 (1) i ④）。

　②物権変動法理との関係では，相続土地国庫帰属法が制定されたことにより，土地所有権の放棄が認められるか否かという一般論に，どのような影響を与えるかも，問題になる。相続土地国庫帰属法の制定により，この議論に決着がついたといえるか否かは，なお検討の余地があるように思われる（この点については，前述Ⅳ 1 (4)，Ⅳ 6 参照）。

　③さらに，共同相続人の 1 人が遺産に属する財産を占有する場合における時効取得の要件についても，規律の導入が検討された[238]。この問題に

236　在り方研報告書 13 頁・15 頁，金融財政事情研究会編 2019: 15 頁・17 頁参照。
237　金融財政事情研究会編 2019: 160 頁参照。

ついては，共同相続人の 1 人が遺産に属する財産を占有する場合において，「所有の意思」（民法 162 ①）をどのような要件の下で認めうるか，および共同相続人の存在を知りまたは知り得た状況の下で始まった共同相続人の 1 人による占有において，他主占有から自主占有への転換（民法 185）がどのような場合に認められるかが問題になる。その際には，被相続人の占有が自主占有であった場合と他主占有であった場合の規律のあり方も検討する必要がある[239]。

しかし，令和 3 年民法・不動産登記法改正等における議論では，相続財産を占有する共同相続人が，遺産分割を経なくとも，取得時効期間が経過すれば当該財産を単独で取得しうるとのメッセージを与えかねないこと，共有不動産の不明共有者の持分またはその譲渡権限の取得（有償）に対する裁判の手続を新たに設けたこととの権衡，現行法制の下でも，事案に応じ，所有の意思の認定や自主占有への転換の認定により，問題解決が可能であるとの理由から，新たな規律は設けないことになった[240]。

もっとも，この問題についてどのように考えるべきかは，新たな規律を設けるべきか否かも含めて，さらに検討の余地があるように思われる。その際には，共同相続の場面に限定すべきか否か，共有者による共有物の占有の性質をどのように理解すべきか，取得時効の観点から，共有者の占有における所有の意思をどう解釈すべきか，自主占有ではないとした場合に自主占有への転換をどのような場合に認めるか等について，取得時効の機能，占有論および共有の性質論に立ち入った検討が必要であると考えられる。

238　在り方研報告書・第 3 章第 4.2（77-80 頁），同第 5.2（81-82 頁），金融財政事情研究会編 2019: 79-82 頁，83-84 頁，中間試案 4.4，部会資料 31・第 4（32-35 頁）。
239　水津 2020a・2020b 参照。
240　部会資料 42・第 4（10 頁），部会・第 17 回。

ⅱ　物権的請求権の法理について

　令和 3 年民法・不動産登記法改正等には取り込まれなかったが，管理措置請求権・管理措置権（前述Ⅱ 1 ⑸）の創設をめぐる議論においては，管理措置に要する費用の負担についても議論が行われた[241]。隣地に生じた土砂の崩壊，竹木の崩壊等の事由により，自己の土地に損害が及び，または及ぶおそれがある場合において，それが天災，その他避けることのできない事変によるときは，その状態の除去に要した費用を誰が負担すべきか，侵害の除去権または除去請求権の構成の問題とともに，さらに議論を深める必要がある。その際には，不可抗力による物権の侵害または侵害の危険が生じた場合の物権的請求権の内容と費用負担についての一般法理の探求が不可欠である。

ⅲ　共有法理について

　共有物の使用・管理・変更・分割に関する規律の見直しも，令和 3 年民法・不動産登記法改正等の重要な成果である。とりわけ，共有物の使用権について，使用に先立つ共有者間の決定が必要であることを明確にした点（民法 252 ①後段＊）が重要である。これは，いわゆる総有，合有，共有といった共同所有形態の中で，最も個人主義的色彩の強いと解される共有であっても，共有者間の合意（法律の規定に従い，持分に応じた決定）が基礎にあることを明確にしたものと解される。したがって，例えば，共有物の管理に関する共有者間の決定（持分の過半数による。民法 252 ①前段＊）を，共有者間の決定（同じく持分の過半数による。民法 252 ①前段＊）によって更新する場合でも，「共有者間の決定に基づいて共有物を使用する」共有者に「特別の影響」を及ぼすときは，その承諾がなければならないものとした（民法 252 ③＊）。このことも，当初の共有者間の決定内容を尊重すべきこと

241　部会資料 39・第 1.3【甲案】，【乙案】および注参照。

を含意しているものと解される（前述Ⅱ2(2)ⅰ参照）。もっとも，この「特別の影響」をどの程度広く認めるべきか，むしろ狭く限定すべきかについては，見解が分かれるものと考えられる。それゆえに，この点についての解釈論の蓄積は，今後の重要な課題である。

ⅳ　財産管理の法理について

　令和3年民法・不動産登記法改正等の特色として，所有者不明土地を議論の出発点にして，財産管理制度の充実が図られた点を看過することができない。すなわち，従来の不在者財産管理人および相続財産管理人の制度に対し，新たに，所有者不明土地管理人，所有者不明建物管理人，管理不全土地管理人，管理不全建物管理人，相続財産の保存のための相続財産管理人，相続財産の清算のための相続財産清算人，共有物の管理者等の諸制度の創設である。これらにより，他人が所有する財産の管理について，財産の種類，形態，管理状況等に応じ，よりきめ細かな規律が導入された。これらについては，管理者の法的地位，権限，義務，費用償還，報酬等について，制度横断的な検討により，諸制度の役割分担や規律の整合的な解釈等を深める余地があると考えられる[242]。

　以上のように，令和3年民法・不動産登記法改正等は，所有者不明土地問題への対応を契機に，物権法の一般法理に対しても，さらなる進化に通じうる実り豊かな成果をもたらしたものということができるであろう。

242　この問題については，武川2019，宮本2020，秋山2021a・2021b参照。

改正民法	現行（改正前）民法

（隣地の使用）

第 209 条①　土地の所有者は，次に掲げる目的のため必要な範囲内で，隣地を使用することができる。ただし，住家については，その居住者の承諾がなければ，立ち入ることはできない。
一　境界又はその付近における障壁，建物その他の工作物の築造，収去又は修繕
二　境界標の調査又は境界に関する測量
三　第 233 条第 3 項の規定による枝の切取り
②　前項の場合には，使用の日時，場所及び方法は，隣地の所有者及び隣地を現に使用している者（以下この条において「隣地使用者」という。）のために損害が最も少ないものを選ばなければならない。
③　第 1 項の規定により隣地を使用する者は，あらかじめ，その目的，日時，場所及び方法を隣地の所有者及び隣地使用者に通知しなければならない。ただし，あらかじめ通知することが困難なときは，使用を開始した後，遅滞なく，通知することをもって足りる。
④　第 1 項の場合において，隣地の所有者又は隣地使用者が損害を受けたときは，その償金を請求することができる。

（隣地の使用請求）

第 209 条①　土地の所有者は，境界又はその付近において障壁又は建物を築造し又は修繕するため必要な範囲内で，隣地の使用を請求することができる。ただし，隣人の承諾がなければ，その住家に立ち入ることはできない。
⇐（新設）
⇐（新設）
⇐（新設）
⇐（新設）

⇐（新設）

②　前項の場合において，隣人が損害を受けたときは，その償金を請求することができる。

（継続的給付を受けるための設備の設置権等）

第 213 条の 2①　土地の所有者は，他の土地に設備を設置し，又は他人が所有する設備を使用しなければ電気，ガス又は水道水の供給その他これらに類する継続的給付（以下この項及び次条第 1 項において「継続的給付」という。）を受けることができないときは，継続的給付を受けるため必要な範囲内で，他の土地に設備を設置し，又は他人が所有する設備を使用することができる。
②　前項の場合には，設備の設置又は使用の場所及び方法は，他の土地又は他人が所有する設備（次項において「他の土地等」という。）のために損害が最も少ないものを選ばなければならない。
③　第 1 項の規定により他の土地に設備を設置し，又は他人が所有する設備を使用する者は，あらかじめ，その目的，場所及び方法を他の土地等の所有者及び他の土地を現に使用している者に通知しなければならない。

⇐（新設）

④　第1項の規定による権利を有する者は，同項の規定により他の土地に設備を設置し，又は他人が所有する設備を使用するために当該他の土地又は当該他人が所有する設備がある土地を使用することができる。この場合においては，第209条第1項ただし書及び第2項から第4項までの規定を準用する。

⑤　第1項の規定により他の土地に設備を設置する者は，その土地の損害（前項において準用する第209条第4項に規定する損害を除く。）に対して償金を支払わなければならない。ただし，1年ごとにその償金を支払うことができる。

⑥　第1項の規定により他人が所有する設備を使用する者は，その設備の使用を開始するために生じた損害に対して償金を支払わなければならない。

⑦　第1項の規定により他人が所有する設備を使用する者は，その利益を受ける割合に応じて，その設置，改築，修繕及び維持に要する費用を負担しなければならない。

第213条の3①　分割によって他の土地に設備を設置しなければ継続的給付を受けることができない土地が生じたときは，その土地の所有者は，継続的給付を受けるため，他の分割者の所有地のみに設備を設置することができる。この場合においては，前条第5項の規定は，適用しない。
②　前項の規定は，土地の所有者がその土地の一部を譲り渡した場合について準用する。

⇦（新設）

（竹木の枝の切除及び根の切取り）
第233条①　土地の所有者は，隣地の竹木の枝が境界線を越えるときは，その竹木の所有者に，その枝を切除させることができる。
②　前項の場合において，竹木が数人の共有に属するときは，各共有者は，その枝を切り取ることができる。
③　第1項の場合において，次に掲げるときは，土地の所有者は，その枝を切り取ることができる。
一　竹木の所有者に枝を切除するよう催告したにもかかわらず，竹木の所有者が相当の期間内に切除しないとき。
二　竹木の所有者を知ることができず，又はその所在を知ることができないとき。
三　急迫の事情があるとき。
④　（略）

（竹木の枝の切除及び根の切取り）
第233条①　隣地の竹木の枝が境界線を越えるときは，その竹木の所有者に，その枝を切除させることができる。
⇦（新設）

⇦（新設）

②　（同）

（共有物の使用）
第249条①　（略）
②　共有物を使用する共有者は，別段の合意がある場合を除き，他の共有者に対し，自己の持分を超える使用の対価を償還する義務を負う。
③　共有者は，善良な管理者の注意をもって，共有物の使用をしなければならない。

（共有物の使用）
第249条　（同）
⇦（新設）

⇦（新設）

（共有物の変更）
第251条①　各共有者は，他の共有者の同意を得なければ，共有物に変更（その形状又は効用の著しい変更を伴わないものを除く。次項において同じ。）を加えることができない。

（共有物の変更）
第251条　各共有者は，他の共有者の同意を得なければ，共有物に変更を加えることができない。

②　共有者が他の共有者を知ることができず，又は
その所在を知ることができないときは，裁判所は，
共有者の請求により，当該他の共有者以外の他の共
有者の同意を得て共有物に変更を加えることができ
る旨の裁判をすることができる。

⇦（新設）

（共有物の管理）
第252条①　共有物の管理に関する事項（次条第1
項に規定する共有物の管理者の選任及び解任を含
み，共有物に前条第1項に規定する変更を加えるも
のを除く。次項において同じ。）は，各共有者の持
分の価格に従い，その過半数で決する。共有物を使
用する共有者があるときも，同様とする。

②　裁判所は，次の各号に掲げるときは，当該各号
に規定する他の共有者以外の共有者の請求により，
当該他の共有者以外の共有者の持分の価格に従い，
その過半数で共有物の管理に関する事項を決するこ
とができる旨の裁判をすることができる。
一　共有者が他の共有者を知ることができず，又は
　その所在を知ることができないとき。
二　共有者が他の共有者に対し相当の期間を定めて
　共有物の管理に関する事項を決することについて
　賛否を明らかにすべき旨を催告した場合において，
　当該他の共有者がその期間内に賛否を明らかにし
　ないとき。

③　前2項の規定による決定が，共有者間の決定に
基づいて共有物を使用する共有者に特別の影響を及
ぼすべきときは，その承諾を得なければならない。

④　共有者は，前3項の規定により，共有物に，次
の各号に掲げる賃借権その他の使用及び収益を目的
とする権利（以下この項において「賃借権等」とい
う。）であって，当該各号に定める期間を超えない
ものを設定することができる。
一　樹木の栽植又は伐採を目的とする山林の賃借権
　等　10年
二　前号に掲げる賃借権等以外の土地の賃借権等
　5年
三　建物の賃借権等　3年
四　動産の賃借権等　6箇月
⑤　各共有者は，前各項の規定にかかわらず，保存
行為をすることができる。

（共有物の管理者）
第252条の2①　共有物の管理者は，共有物の管理
に関する行為をすることができる。ただし，共有者
の全員の同意を得なければ，共有物に変更（その形
状又は効用の著しい変更を伴わないものを除く。次
項において同じ。）を加えることができない。
②　共有物の管理者が共有者を知ることができず，
又はその所在を知ることができないときは，裁判所
は，共有物の管理者の請求により，当該共有者以外
の共有者の同意を得て共有物に変更を加えることが
できる旨の裁判をすることができる。
③　共有物の管理者は，共有者が共有物の管理に関
する事項を決した場合には，これに従ってその職務
を行わなければならない。
④　前項の規定に違反して行った共有物の管理者の
行為は，共有者に対してその効力を生じない。ただ

（共有物の管理）
第252条　共有物の管理に関する事項は，前条の場
合を除き，各共有者の持分の価格に従い，その過半
数で決する。ただし，保存行為は，各共有者がする
ことができる。

⇦（新設）

⇦（新設）

⇦（新設）

⇦（新設）

⇦（新設）

し，共有者は，これをもって善意の第三者に対抗す
ることができない。

（裁判による共有物の分割）
第258条① 共有物の分割について共有者間に協議
が調わないとき，又は協議をすることができないと
きは，その分割を裁判所に請求することができる。
② 裁判所は，次に掲げる方法により，共有物の分
割を命ずることができる。
一 共有物の現物を分割する方法
二 共有者に債務を負担させて，他の共有者の持分
　の全部又は一部を取得させる方法
③ 前項に規定する方法により共有物を分割するこ
とができないとき，又は分割によってその価格を著
しく減少させるおそれがあるときは，裁判所は，そ
の競売を命ずることができる。
④ 裁判所は，共有物の分割の裁判において，当事
者に対して，金銭の支払，物の引渡し，登記義務の
履行その他の給付を命ずることができる。

第258条の2① 共有物の全部又はその持分が相続
財産に属する場合において，共同相続人間で当該共
有物の全部又はその持分について遺産の分割をすべ
きときは，当該共有物又はその持分について前条の
規定による分割をすることができない。
② 共有物の持分が相続財産に属する場合におい
て，相続開始の時から10年を経過したときは，前
項の規定にかかわらず，相続財産に属する共有物の
持分について前条の規定による分割をすることがで
きる。ただし，当該共有物の持分について遺産の分
割の請求があった場合において，相続人が当該共有
物の持分について同条の規定による分割をすること
に異議の申出をしたときは，この限りでない。
③ 相続人が前項ただし書の申出をする場合には，
当該申出は，当該相続人が前条第1項の規定による
請求を受けた裁判所から当該請求があった旨の通知
を受けた日から2箇月以内に当該裁判所にしなけれ
ばならない。

（所在等不明共有者の持分の取得）
第262条の2① 不動産が数人の共有に属する場合
において，共有者が他の共有者を知ることができず，
又はその所在を知ることができないときは，裁判所
は，共有者の請求により，その共有者に，当該他の
共有者（以下この条において「所在等不明共有者」
という。）の持分を取得させる旨の裁判をすること
ができる。この場合において，請求をした共有者が
2人以上あるときは，請求をした各共有者に，所在
等不明共有者の持分を，請求をした各共有者の持分
の割合で按分してそれぞれ取得させる。
② 前項の請求があった持分に係る不動産について
第258条第1項の規定による請求又は遺産の分割の
請求があり，かつ，所在等不明共有者以外の共有者
が前項の請求を受けた裁判所に同項の裁判をするこ
とについて異議がある旨の届出をしたときは，裁判
所は，同項の裁判をすることができない。
③ 所在等不明共有者の持分が相続財産に属する場
合（共同相続人間で遺産の分割をすべき場合に限

（裁判による共有物の分割）
第258条① 共有物の分割について共有者間に協議
が調わないときは，その分割を裁判所に請求するこ
とができる。
⇦（新設）

② 前項の場合において，共有物の現物を分割する
ことができないとき，又は分割によってその価格を
著しく減少させるおそれがあるときは，裁判所は，
その競売を命ずることができる。
⇦（新設）

⇦（新設）

⇦（新設）

る。）において，相続開始の時から10年を経過して
いないときは，裁判所は，第1項の裁判をすること
ができない。
④　第1項の規定により共有者が所在等不明共有者
の持分を取得したときは，所在等不明共有者は，当
該共有者に対し，当該共有者が取得した持分の時価
相当額の支払を請求することができる。
⑤　前各項の規定は，不動産の使用又は収益をする
権利（所有権を除く。）が数人の共有に属する場合
について準用する。

（所在等不明共有者の持分の譲渡）
第262条の3①　不動産が数人の共有に属する場合
において，共有者が他の共有者を知ることができず，
又はその所在を知ることができないときは，裁判所
は，共有者の請求により，その共有者に，当該他の
共有者（以下この条において「所在等不明共有者」
という。）以外の共有者の全員が特定の者に対して
その有する持分の全部を譲渡することを停止条件と
して所在等不明共有者の持分を当該特定の者に譲渡
する権限を付与する旨の裁判をすることができる。
②　所在等不明共有者の持分が相続財産に属する場
合（共同相続人間で遺産の分割をすべき場合に限
る。）において，相続開始の時から10年を経過して
いないときは，裁判所は，前項の裁判をすることが
できない。
③　第1項の裁判により付与された権限に基づき共
有者が所在等不明共有者の持分を第三者に譲渡した
ときは，所在等不明共有者は，当該譲渡をした共有
者に対し，不動産の時価相当額を所在等不明共有者
の持分に応じて按分して得た額の支払を請求するこ
とができる。
④　前3項の規定は，不動産の使用又は収益をする
権利（所有権を除く。）が数人の共有に属する場合
について準用する。

（準共有）
第264条　この節（第262条の2及び第262条の3
を除く。）の規定は，数人で所有権以外の財産権を
有する場合について準用する。ただし，法令に特別
の定めがあるときは，この限りでない。

**第4節　所有者不明土地管理命令及び所有者不明建
物管理命令**

（所有者不明土地管理命令）
第264条の2①　裁判所は，所有者を知ることがで
きず，又はその所在を知ることができない土地（土
地が数人の共有に属する場合にあっては，共有者を
知ることができず，又はその所在を知ることができ
ない土地の共有持分）について，必要があると認め
るときは，利害関係人の請求により，その請求に係
る土地又は共有持分を対象として，所有者不明土地
管理人（第4項に規定する所有者不明土地管理人を
いう。以下同じ。）による管理を命ずる処分（以下
「所有者不明土地管理命令」という。）をすることが
できる。
②　所有者不明土地管理命令の効力は，当該所有者

⇦（新設）

（準共有）
第264条　この節の規定は，数人で所有権以外の財
産権を有する場合について準用する。ただし，法令
に特別の定めがあるときは，この限りでない。

⇦（新設）

⇦（新設）

不明土地管理命令の対象とされた土地（共有持分を
対象として所有者不明土地管理命令が発せられた場
合にあっては，共有物である土地）にある動産（当
該所有者不明土地管理命令の対象とされた土地の
所有者又は共有持分を有する者が所有するものに限
る。）に及ぶ。
③　所有者不明土地管理命令は，所有者不明土地管
理命令が発せられた後に当該所有者不明土地管理命
令が取り消された場合において，当該所有者不明土
地管理命令の対象とされた土地又は共有持分及び当
該所有者不明土地管理命令の効力が及ぶ動産の管
理，処分その他の事由により所有者不明土地管理人
が得た財産について，必要があると認めるときも，
することができる。
④　裁判所は，所有者不明土地管理命令をする場合
には，当該所有者不明土地管理命令において，所有
者不明土地管理人を選任しなければならない。

（所有者不明土地管理人の権限）
第264条の3①　前条第4項の規定により所有者不　　　⇦（新設）
明土地管理人が選任された場合には，所有者不明土
地管理命令の対象とされた土地又は共有持分及び所
有者不明土地管理命令の効力が及ぶ動産並びにその
管理，処分その他の事由により所有者不明土地管理
人が得た財産（以下「所有者不明土地等」という。）
の管理及び処分をする権利は，所有者不明土地管理
人に専属する。
②　所有者不明土地管理人が次に掲げる行為の範囲
を超える行為をするには，裁判所の許可を得なけれ
ばならない。ただし，この許可がないことをもって
善意の第三者に対抗することはできない。
一　保存行為
二　所有者不明土地等の性質を変えない範囲内にお
　　いて，その利用又は改良を目的とする行為

（所有者不明土地等に関する訴えの取扱い）
第264条の4　所有者不明土地管理命令が発せられ　　　⇦（新設）
た場合には，所有者不明土地等に関する訴えについ
ては，所有者不明土地管理人を原告又は被告とする。

（所有者不明土地管理人の義務）
第264条の5①　所有者不明土地管理人は，所有者　　　⇦（新設）
不明土地等の所有者（その共有持分を有する者を含
む。）のために，善良な管理者の注意をもって，そ
の権限を行使しなければならない。
②　数人の者の共有持分を対象として所有者不明土
地管理命令が発せられたときは，所有者不明土地管
理人は，当該所有者不明土地管理命令の対象とされ
た共有持分を有する者全員のために，誠実かつ公平
にその権限を行使しなければならない。

（所有者不明土地管理人の解任及び辞任）
第264条の6①　所有者不明土地管理人がその任務　　　⇦（新設）
に違反して所有者不明土地等に著しい損害を与えた
ことその他重要な事由があるときは，裁判所は，利
害関係人の請求により，所有者不明土地管理人を解
任することができる。
②　所有者不明土地管理人は，正当な事由があると

きは，裁判所の許可を得て，辞任することができる。

（所有者不明土地管理人の報酬等）
第264条の7① 　所有者不明土地管理人は，所有者
不明土地等から裁判所が定める額の費用の前払及び
報酬を受けることができる。
② 　所有者不明土地管理人による所有者不明土地等
の管理に必要な費用及び報酬は，所有者不明土地等
の所有者（その共有持分を有する者を含む。）の負
担とする。

⇦（新設）

（所有者不明建物管理命令）
第264条の8① 　裁判所は，所有者を知ることがで
きず，又はその所在を知ることができない建物（建
物が数人の共有に属する場合にあっては，共有者を
知ることができず，又はその所在を知ることができ
ない建物の共有持分）について，必要があると認め
るときは，利害関係人の請求により，その請求に係
る建物又は共有持分を対象として，所有者不明建物
管理人（第4項に規定する所有者不明建物管理人を
いう。以下この条において同じ。）による管理を命
ずる処分（以下この条において「所有者不明建物管
理命令」という。）をすることができる。
② 　所有者不明建物管理命令の効力は，当該所有者
不明建物管理命令の対象とされた建物（共有持分を
対象として所有者不明建物管理命令が発せられた場
合にあっては，共有物である建物）にある動産（当
該所有者不明建物管理命令の対象とされた建物の
所有者又は共有持分を有する者が所有するものに限
る。）及び当該建物を所有し，又は当該建物の共有
持分を有するための建物の敷地に関する権利（賃借
権その他の使用及び収益を目的とする権利（所有権
を除く。）であって，当該所有者不明建物管理命令
の対象とされた建物の所有者又は共有持分を有する
者が有するものに限る。）に及ぶ。
③ 　所有者不明建物管理命令は，所有者不明建物管
理命令が発せられた後に当該所有者不明建物管理命
令が取り消された場合において，当該所有者不明建
物管理命令の対象とされた建物又は共有持分並びに
当該所有者不明建物管理命令の効力が及ぶ動産及び
建物の敷地に関する権利の管理，処分その他の事由
により所有者不明建物管理人が得た財産について，
必要があると認めるときも，することができる。
④ 　裁判所は，所有者不明建物管理命令をする場合
には，当該所有者不明建物管理命令において，所有
者不明建物管理人を選任しなければならない。
⑤ 　第264条の3から前条までの規定は，所有者不
明建物管理命令及び所有者不明建物管理人について
準用する。

⇦（新設）

**第5節　管理不全土地管理命令及び管理不全建物管
理命令**

⇦（新設）

（管理不全土地管理命令）
第264条の9① 　裁判所は，所有者による土地の管
理が不適当であることによって他人の権利又は法律
上保護される利益が侵害され，又は侵害されるおそ
れがある場合において，必要があると認めるときは，

⇦（新設）

利害関係人の請求により，当該土地を対象として，
管理不全土地管理人（第3項に規定する管理不全土
地管理人をいう。以下同じ。）による管理を命ずる
処分（以下「管理不全土地管理命令」という。）を
することができる。
② 管理不全土地管理命令の効力は，当該管理不全
土地管理命令の対象とされた土地にある動産（当該
管理不全土地管理命令の対象とされた土地の所有者
又はその共有持分を有する者が所有するものに限
る。）に及ぶ。
③ 裁判所は，管理不全土地管理命令をする場合に
は，当該管理不全土地管理命令において，管理不全
土地管理人を選任しなければならない。

（管理不全土地管理人の権限）
第264条の10① 管理不全土地管理人は，管理不 ⇦（新設）
全土地管理命令の対象とされた土地及び管理不全土
地管理命令の効力が及ぶ動産並びにその管理，処分
その他の事由により管理不全土地管理人が得た財産
（以下「管理不全土地等」という。）の管理及び処分
をする権限を有する。
② 管理不全土地管理人が次に掲げる行為の範囲を
超える行為をするには，裁判所の許可を得なければ
ならない。ただし，この許可がないことをもって善
意でかつ過失がない第三者に対抗することはできな
い。
一 保存行為
二 管理不全土地等の性質を変えない範囲内におい
　て，その利用又は改良を目的とする行為
③ 管理不全土地管理命令の対象とされた土地の処
分についての前項の許可をするには，その所有者の
同意がなければならない。

（管理不全土地管理人の義務）
第264条の11① 管理不全土地管理人は，管理不 ⇦（新設）
全土地等の所有者のために，善良な管理者の注意を
もって，その権限を行使しなければならない。
② 管理不全土地等が数人の共有に属する場合に
は，管理不全土地管理人は，その共有持分を有する
者全員のために，誠実かつ公平にその権限を行使し
なければならない。

（管理不全土地管理人の解任及び辞任）
第264条の12① 管理不全土地管理人がその任務 ⇦（新設）
に違反して管理不全土地等に著しい損害を与えたこ
とその他重要な事由があるときは，裁判所は，利害
関係人の請求により，管理不全土地管理人を解任す
ることができる。
② 管理不全土地管理人は，正当な事由があるとき
は，裁判所の許可を得て，辞任することができる。

（管理不全土地管理人の報酬等）
第264条の13① 管理不全土地管理人は，管理不 ⇦（新設）
全土地等から裁判所が定める額の費用の前払及び報
酬を受けることができる。
② 管理不全土地管理人による管理不全土地等の管
理に必要な費用及び報酬は，管理不全土地等の所有
者の負担とする。

（管理不全建物管理命令）
第 264 条の 14 ① 裁判所は，所有者による建物の管理が不適当であることによって他人の権利又は法律上保護される利益が侵害され，又は侵害されるおそれがある場合において，必要があると認めるときは，利害関係人の請求により，当該建物を対象として，管理不全建物管理人（第 3 項に規定する管理不全建物管理人をいう。第 4 項において同じ。）による管理を命ずる処分（以下この条において「管理不全建物管理命令」という。）をすることができる。
② 管理不全建物管理命令は，当該管理不全建物管理命令の対象とされた建物にある動産（当該管理不全建物管理命令の対象とされた建物の所有者又はその共有持分を有する者が所有するものに限る。）及び当該建物を所有するための建物の敷地に関する権利（賃借権その他の使用及び収益を目的とする権利（所有権を除く。）であって，当該管理不全建物管理命令の対象とされた建物の所有者又はその共有持分を有する者が有するものに限る。）に及ぶ。
③ 裁判所は，管理不全建物管理命令をする場合には，当該管理不全建物管理命令において，管理不全建物管理人を選任しなければならない。
④ 第 264 条の 10 から前条までの規定は，管理不全建物管理命令及び管理不全建物管理人について準用する。

⇦ （新設）

（共同抵当における代価の配当）
第 392 条① 債権者が同一の債権の担保として数個の不動産につき抵当権を有する場合において，同時にその代価を配当すべきときは，その各不動産の価額に応じて，その債権の負担を按分する。
② （略）

（共同抵当における代価の配当）
第 392 条① 債権者が同一の債権の担保として数個の不動産につき抵当権を有する場合において，同時にその代価を配当すべきときは，その各不動産の価額に応じて，その債権の負担を按分する。
② （同）

（相続財産の保存）
第 897 条の 2 ① 家庭裁判所は，利害関係人又は検察官の請求によって，いつでも，相続財産の管理人の選任その他の相続財産の保存に必要な処分を命ずることができる。ただし，相続人が一人である場合においてその相続人が相続の単純承認をしたとき，相続人が数人ある場合において遺産の全部の分割がされたとき，又は第 952 条第 1 項の規定により相続財産の清算人が選任されているときは，この限りでない。
② 第 27 条から第 29 条までの規定は，前項の規定により家庭裁判所が相続財産の管理人を選任した場合について準用する。

⇦ （新設）

（共同相続の効力）
第 898 条① （略）
② 相続財産について共有に関する規定を適用するときは，第 900 条から第 902 条までの規定により算定した相続分をもって各相続人の共有持分とする。

（共同相続の効力）
第 898 条 （同）
⇦ （新設）

（期間経過後の遺産の分割における相続分）
第 904 条の 3 前 3 条の規定は，相続開始の時から 10 年を経過した後にする遺産の分割については，適用しない。ただし，次の各号のいずれかに該当す

⇦ （新設）

るときは、この限りでない。
一　相続開始の時から 10 年を経過する前に、相続人が家庭裁判所に遺産の分割の請求をしたとき。
二　相続開始の時から始まる 10 年の期間の満了前 6 箇月以内の間に、遺産の分割を請求することができないやむを得ない事由が相続人にあった場合において、その事由が消滅した時から 6 箇月を経過する前に、当該相続人が家庭裁判所に遺産の分割の請求をしたとき。

（遺産の分割の協議又は審判）
第 907 条①　共同相続人は、次条第 1 項の規定により被相続人が遺言で禁じた場合又は同条第 2 項の規定により分割をしない旨の契約をした場合を除き、いつでも、その協議で、遺産の全部又は一部の分割をすることができる。
②　（略）

　　　　　　　　　　　　　　　（削除）⇨

（遺産の分割の方法の指定及び遺産の分割の禁止）
第 908 条①　（略）
②　共同相続人は、5 年以内の期間を定めて、遺産の全部又は一部について、その分割をしない旨の契約をすることができる。ただし、その期間の終期は、相続開始の時から 10 年を超えることができない。
③　前項の契約は、5 年以内の期間を定めて更新することができる。ただし、その期間の終期は、相続開始の時から 10 年を超えることができない。
④　前条第 2 項本文の場合において特別の事由があるときは、家庭裁判所は、5 年以内の期間を定めて、遺産の全部又は一部について、その分割を禁ずることができる。ただし、その期間の終期は、相続開始の時から 10 年を超えることができない。
⑤　家庭裁判所は、5 年以内の期間を定めて前項の期間を更新することができる。ただし、その期間の終期は、相続開始の時から 10 年を超えることができない。

（相続人による管理）
第 918 条　（略）

　　　　　　　　　　　　　　　（削除）⇨

　　　　　　　　　　　　　　　（削除）⇨

（限定承認者による管理）

（遺産の分割の協議又は審判等）
第 907 条①　共同相続人は、次条の規定により被相続人が遺言で禁じた場合を除き、いつでも、その協議で、遺産の全部又は一部の分割をすることができる。

②　遺産の分割について、共同相続人間に協議が調わないとき、又は協議をすることができないときは、各共同相続人は、その全部又は一部の分割を家庭裁判所に請求することができる。ただし、遺産の一部を分割することにより他の共同相続人の利益を害するおそれがある場合におけるその一部の分割については、この限りでない。
③　前項本文の場合において特別の事由があるときは、家庭裁判所は、期間を定めて、遺産の全部又は一部について、その分割を禁ずることができる。
　　　　　　　（＊ 907 条は平成 30 年にも改正）

（遺産の分割の方法の指定及び遺産の分割の禁止）
第 908 条　（同）
⇦（新設）

⇦（新設）

⇦（新設）

⇦（新設）

（相続財産の管理）
第 918 条①　（同）
②　家庭裁判所は、利害関係人又は検察官の請求によって、いつでも、相続財産の保存に必要な処分を命ずることができる。
③　第 27 条から第 29 条までの規定は、前項の規定により家庭裁判所が相続財産の管理人を選任した場合について準用する。

（限定承認者による管理）

改正民法	現行（改正前）民法
第926条① （略） ② 第645条，第646条並びに第650条第1項及び第2項の規定は，前項の場合について準用する。	**第926条①** （同） ② 第645条，第646条，第650条第1項及び第2項並びに第918条第2項及び第3項の規定は，前項の場合について準用する。
（相続人が数人ある場合の相続財産の清算人） **第936条①** 相続人が数人ある場合には，家庭裁判所は，相続人の中から，相続財産の清算人を選任しなければならない。 ② 前項の相続財産の清算人は，相続人のために，これに代わって，相続財産の管理及び債務の弁済に必要な一切の行為をする。 ③ 第926条から前条までの規定は，第1項の相続財産の清算人について準用する。この場合において，第927条第1項中「限定承認をした後5日以内」とあるのは，「その相続財産の清算人の選任があった後10日以内」と読み替えるものとする。	**（相続人が数人ある場合の相続財産の管理人）** **第936条①** 相続人が数人ある場合には，家庭裁判所は，相続人の中から，相続財産の管理人を選任しなければならない。 ② 前項の相続財産の管理人は，相続人のために，これに代わって，相続財産の管理及び債務の弁済に必要な一切の行為をする。 ③ 第926条から前条までの規定は，第1項の相続財産の管理人について準用する。この場合において，第927条第1項中「限定承認をした後5日以内」とあるのは，「その相続財産の管理人の選任があった後10日以内」と読み替えるものとする。
（相続の放棄をした者による管理） **第940条①** 相続の放棄をした者は，その放棄の時に相続財産に属する財産を現に占有しているときは，相続人又は第952条第1項の相続財産の清算人に対して当該財産を引き渡すまでの間，自己の財産におけるのと同一の注意をもって，その財産を保存しなければならない。 ② 第645条，第646条並びに第650条第1項及び第2項の規定は，前項の場合について準用する。	**（相続の放棄をした者による管理）** **第940条①** 相続の放棄をした者は，その放棄によって相続人となった者が相続財産の管理を始めることができるまで，自己の財産におけるのと同一の注意をもって，その財産の管理を継続しなければならない。 ② 第645条，第646条，第650条第1項及び第2項並びに第918条第2項及び第3項の規定は，前項の場合について準用する。
（相続財産の清算人の選任） **第952条①** 前条の場合には，家庭裁判所は，利害関係人又は検察官の請求によって，相続財産の清算人を選任しなければならない。 ② 前項の規定により相続財産の清算人を選任したときは，家庭裁判所は，遅滞なく，その旨及び相続人があるならば一定の期間内にその権利を主張すべき旨を公告しなければならない。この場合において，その期間は，6箇月を下ることができない。	**（相続財産の管理人の選任）** **第952条①** 前条の場合には，家庭裁判所は，利害関係人又は検察官の請求によって，相続財産の管理人を選任しなければならない。 ② 前項の規定により相続財産の管理人を選任したときは，家庭裁判所は，遅滞なくこれを公告しなければならない。
（不在者の財産の管理人に関する規定の準用） **第953条** 第27条から第29条までの規定は，前条第1項の相続財産の清算人（以下この章において単に「相続財産の清算人」という。）について準用する。	**（不在者の財産の管理人に関する規定の準用）** **第953条** 第27条から第29条までの規定は，前条第1項の相続財産の管理人（以下この章において単に「相続財産の管理人」という。）について準用する。
（相続財産の清算人の報告） **第954条** 相続財産の清算人は，相続債権者又は受遺者の請求があるときは，その請求をした者に相続財産の状況を報告しなければならない。	**（相続財産の管理人の報告）** **第954条** 相続財産の管理人は，相続債権者又は受遺者の請求があるときは，その請求をした者に相続財産の状況を報告しなければならない。
（相続財産法人の不成立） **第955条** 相続人のあることが明らかになったときは，第951条の法人は，成立しなかったものとみなす。ただし，相続財産の清算人がその権限内でした行為の効力を妨げない。	**（相続財産法人の不成立）** **第955条** 相続人のあることが明らかになったときは，第951条の法人は，成立しなかったものとみなす。ただし，相続財産の管理人がその権限内でした行為の効力を妨げない。
（相続財産の清算人の代理権の消滅） **第956条①** 相続財産の清算人の代理権は，相続人が相続の承認をした時に消滅する。	**（相続財産の管理人の代理権の消滅）** **第956条①** 相続財産の管理人の代理権は，相続人が相続の承認をした時に消滅する。

改正民法	現行（改正前）民法
② 前項の場合には、<u>相続財産の清算人</u>は、遅滞なく相続人に対して<u>清算に係る計算</u>をしなければならない。	② 前項の場合には、<u>相続財産の管理人</u>は、遅滞なく相続人に対して<u>管理の計算</u>をしなければならない。
（相続債権者及び受遺者に対する弁済） **第957条**① 第952条第2項の公告があったときは、<u>相続財産の清算人は、全ての</u>相続債権者及び受遺者に対し、<u>2箇月以上の期間を定めて、その期間内に</u>その請求の申出をすべき旨を公告しなければならない。この場合において、その期間は、<u>同項の規定により相続人が権利を主張すべき期間として家庭裁判所が公告した期間内に満了するものでなければならない。</u> ② （略）	**（相続債権者及び受遺者に対する弁済）** **第957条** 第952条第2項の公告があった<u>後2箇月以内に相続人のあることが明らかにならなかったと</u>きは、<u>相続財産の管理人</u>は、遅滞なく、すべての相続債権者及び受遺者に対し、<u>一定の期間内にその請</u>求の申出をすべき旨を公告しなければならない。この場合において、その期間は、<u>2箇月を下ることができない。</u> ② （同）
（削除）⇨	**（相続人の捜索の公告）** <u>第958条 前条第1項の期間の満了後、なお相続人のあることが明らかでないときは、家庭裁判所は、相続財産の管理人又は検察官の請求によって、相続人があるならば一定の期間内にその権利を主張すべき旨を公告しなければならない。この場合において、その期間は、6箇月を下ることができない。</u>
（権利を主張する者がない場合） **第958条** <u>第952条第2項</u>の期間内に相続人としての権利を主張する者がないときは、相続人並びに<u>相続財産の清算人</u>に知れなかった相続債権者及び受遺者は、その権利を行使することができない。	**（権利を主張する者がない場合）** **第958条の2** 前条の期間内に相続人としての権利を主張する者がないときは、相続人並びに<u>相続財産の管理人</u>に知れなかった相続債権者及び受遺者は、その権利を行使することができない。
（特別縁故者に対する相続財産の分与） **第958条の2**① （略） ② 前項の請求は、<u>第952条第2項</u>の期間の満了後3箇月以内にしなければならない。	**（特別縁故者に対する相続財産の分与）** **第958条の3**① （同） ② 前項の請求は、<u>第958条</u>の期間の満了後3箇月以内にしなければならない。

索引

松尾　弘 (まつお ひろし)

慶應義塾大学大学院法務研究科教授。
1962年長野県生まれ。慶應義塾大学法学部卒業。一橋大学大学院法学研究科博士後期課程
単位取得。横浜市立大学商学部助教授，横浜国立大学大学院国際社会科学研究科教授を経て，
現職。この間，シドニー大学客員教授，オックスフォード大学客員研究員，社会資本整備審
議会（公共用地分科会）委員，国土審議会（土地政策分科会）特別委員，法制審議会（民法・
不動産登記法部会）幹事，財政制度等審議会（国有財産分科会）臨時委員などを務める。
主要著作として，ヘルムート・コーイング『法解釈学入門』(訳，慶應義塾大学出版会，2016)，ジョ
セフ・ラズ『法体系の概念―法体系論序説（第2版）』（訳，慶應義塾大学出版会，2011)，『民
法の体系―市民法の基礎（第6版）』（慶應義塾大学出版会，2016)，『民法改正を読む―改正
論から学ぶ民法』（慶應義塾大学出版会，2012)，『債権法改正を読む―改正論から学ぶ新民法』
（慶應義塾大学出版会，2017)，『家族法改正を読む―親族・相続法改正のポイントとトレンド』
（慶應義塾大学出版会，2019)，『開発法学の基礎理論―良い統治のための法律学』（勁草書房，
2012)，『発展するアジアの政治・経済・法―法は政治・経済のために何ができるか』（日本
評論社，2016)，『財産権保障と損失補償の法理』（大成出版社，2011)，『基本事例から考える
損失補償法』（大成出版社，2015)，*Property and Trust Law: Japan*, *International Encyclopedia of
Laws*, Kluwer International, 2021 ほか。

物権法改正を読む
――令和3年民法・不動産登記法改正等のポイント

2021年 8 月30日　初版第1刷発行
2022年12月13日　初版第2刷発行

著　者―――松尾　弘
発行者―――依田俊之
発行所―――慶應義塾大学出版会株式会社
　　　　　　〒108-8346　東京都港区三田2-19-30
　　　　　　T E L〔編集部〕03-3451-0931
　　　　　　　　　〔営業部〕03-3451-3584〈ご注文〉
　　　　　　〔　〃　〕03-3451-6926
　　　　　　F A X〔営業部〕03-3451-3122
　　　　　　振替 00190-8-155497
　　　　　　https://www.keio-up.co.jp/
装　丁―――辻聡
組　版―――株式会社キャップス
印刷・製本――中央精版印刷株式会社
カバー印刷――株式会社太平印刷社

慶應義塾大学出版会

民法改正を読む
——改正論から学ぶ民法

松尾 弘 著　まず学ぶべき、改正論の原点！　改正論議を通じて民法全体を学び直し、さらに1ランク上の実力を身につける。現行民法と民法改正論とを比較しながら、民法改正の動向を読み解く鍵となる視点を明快に提示する。
ISBN：978-4-7664-1954-2　◎2,640円（本体価格2,400円）

債権法改正を読む
——改正論から学ぶ新民法

松尾 弘 著　債権法改正により「何がどう」変わったのか？　形式的な文言の修正・補充から、規定の実質的変更や創設など、新債権法の改正点・改正趣旨をその過程から解き明かし、新民法への変化の理由、その内容を流れから理解できる決定版。
ISBN：978-4-7664-2474-4　◎2,970円（本体価格2,700円）

家族法改正を読む
——親族・相続法改正のポイントとトレンド

松尾 弘 著　成年年齢の引下げ、女性の婚姻開始年齢の引上げなどの親族法改正。遺留分侵害額請求権、配偶者居住権および配偶者短期居住権の創設などの相続法改正。平成30年から令和元年にかけて相次いで行われた家族法の改正内容と、今後の改正の動向までを本書1冊で把握する。
ISBN：978-4-7664-2629-8　◎1,980円（本体価格1,800円）